ESPIRAL

ASCENDENTE

El sistema para transformar
el uso de tu tiempo

PAMELA AYUSO

Índice

Y llegó el día en que el riesgo de permanecer apretado en un capullo era más doloroso que el riesgo que implicaba florecer.

Anaïs Nin

Dedicatoria

A quienes conocen la lucha de perseguir un sueño. Este libro es suyo.

TU TIEMPO HA LLEGADO

¿Recuerdas la última vez que te sentiste verdaderamente en control de tu tiempo? Para la mayoría de nosotros, ese momento parece cada vez más lejano. En un mundo donde las notificaciones no paran de sonar y las urgencias parecen multiplicarse, la sensación de estar constantemente abrumado se ha convertido en la nueva normalidad.

Pero tu realidad no tiene que ser así. Para nada.

Imagina despertar cada mañana sabiendo exactamente qué necesitas hacer y, lo que es más importante, por qué lo estás haciendo. Visualiza que terminas cada día con la satisfacción de haber avanzado hacia tus principales metas. Puedes vivir una vida de completa libertad, te lo aseguro.

La trampa del tiempo moderno

Este libro está escrito pensando en ti, para liberarte del caos cotidiano, en el que innumerables urgencias consumen tu tiempo y te impiden concentrarte en lo que realmente deseas alcanzar. Esa sensación de estrés es común, pero no tiene por qué ser así. Hay una manera de transformar tu tiempo usando un set de herramientas que te permitirán ver más allá de las distracciones, ejecutar las acciones que te llevarán a tus objetivos y lograr aquello que siempre has soñado.

Tu tiempo es algo que puedes organizar, así como organizas una habitación o tus libros, existen herramientas para hacerlo. Lo único que necesitas es decidir hacerlo, y este libro será tu guía. A lo largo de este viaje, te acompañaré en un camino en espiral - uno que comienza con pasos cortos, pero de impacto y se va acelerando y ascendiendo hacia nuevos niveles de destreza. Descubrirás que los objetivos que antes parecían imposibles estarán a tu alcance, y lo que una vez consideraste un gran logro pronto se convertirá en apenas un atisbo de lo que puedes llegar a conseguir.

La vida no es lineal, y el dominio del tiempo tampoco lo es. Es un viaje en espiral donde cada vuelta nos lleva a un nivel más alto de conocimiento y eficiencia. Comenzamos por desarrollar hábitos básicos que evolucionan hacia rutinas sólidas y finalmente se convierten en rituales valiosos. Luego, aprendemos a manejar nuestro tiempo con herramientas concretas como bloques de tiempo y listas de tareas. A medida que avanzamos, desarrollamos una productividad más refinada, y finalmente, alcanzamos la atención plena - la capacidad de asegurarnos que todo nuestro esfuerzo nos guíe hacia la dirección correcta.

Y eso no es todo. He aquí la magia del sistema: la espiral no se detiene. Con cada vuelta, revisitamos cada una de las herramientas adquiridas desde una perspectiva superior. Los nuevos aprendizajes nos llevan a formar hábitos más eficaces, que a su vez generan rutinas más sólidas, un mejor manejo de tu tiempo, mayor productividad y una consciencia más profunda. Se trata de un ciclo de crecimiento continuo capaz de ir tan lejos como quieras llegar.

Cómo usar este libro

Este libro no es una simple lista de consejos sobre productividad. Es un sistema integrado que reconoce la naturaleza cíclica del crecimiento personal. Este método te guiará a través de cada fase de manera natural y progresiva, permitiéndote construir una base sólida antes de avanzar al siguiente nivel.

Espiral ascendente está diseñado para acompañarte en cada vuelta de la espiral. Cada capítulo construye sobre el anterior en una progresión natural y lógica. Comenzamos por los fundamentos y continuamos con el resto de los elementos:

1. Fundamentos: hábitos, rutinas y rituales
   o Aprenderás a construir hábitos sostenibles.
   o Transformarás esos hábitos en rutinas eficaces.
   o Convertirás tus rutinas en rituales de impacto profundo.
2. Sistemas: manejo del tiempo
   o Implementarás sistemas eficaces de gestión del tiempo.
   o Aprenderás a usar bloques de tiempo y listas de tareas pendientes como un experto.
   o Integrarás estos sistemas a tus hábitos existentes.
3. Optimización: productividad con propósito
   o Descubrirás cómo hacer más en menos tiempo.
   o Aprenderás a eliminar lo innecesario.
   o Maximizarás el impacto de cada acción.
4. Dirección: atención plena
   o Evaluarás si tus sistemas te llevan adonde quieres ir.
   o Ajustarás tu rumbo según sea necesario.
   o Profundizarás tu conexión con tus verdaderas prioridades.

Lo que hace único a este método es su naturaleza iterativa. Cada vez que completas una vuelta de la espiral, regresas a estos elementos fundamentales desde una perspectiva superior. Los hábitos que formaste se refinan, las rutinas se optimizan, tu manejo del tiempo se vuelve más sofisticado, tu productividad crece y tu atención se centra más.

Se trata de un marco adaptable que evoluciona contigo. Cada persona encuentra su propio ritmo, sus propias áreas objetivo, y sus propias formas de implementación. La espiral se adaptará a tu vida.

Para aprovechar al máximo este viaje:

• Lee los capítulos en orden para entender como uno afecta al siguiente. Sin embargo, si ya dominas algunos elementos, puedes empezar por el que más te llame la atención.
• Implementa algo de lo que has aprendido al final de cada capítulo para asegurarte de haber internalizado los aprendizajes.

- Usa los ejercicios prácticos y las herramientas proporcionadas.
- Lleva un diario sobre tu progreso.
- Regresa a capítulos anteriores para reforzar ideas o lecciones.

Hábitos

Atención plena

Gestión del tiempo

Productividad

Evidencia del éxito

El poder de la espiral no radica en revolucionar tu vida de la noche a la mañana, sino en la transformación constante y sostenible. Como cualquier cambio importante, comienza con avances pequeños pero constantes que, con el tiempo, dan lugar a resultados extraordinarios.

La oportunidad de recuperar tu tiempo está más cerca de lo que crees. Durante años, he perfeccionado rutinas y sistemas que me han permitido gestionar mi tiempo tanto a nivel personal como profesional. Lo que comparto en este libro funciona, se trata de las herramientas que he usado en mi propia vida. Ser CEO y cofundadora de una de las principales empresas de desarrollo inmobiliario de mi país es un trabajo a tiempo completo. He debido equilibrar esa responsabilidad con mi vida como madre y esposa. Además, me he dedicado a publicar libros, leer en abundancia, viajar y cultivar amistades profundas. Incluso he fundado una organización sin fines de lucro enfocada en proyectos innovadores. Te cuento todo esto como prueba de que las herramientas que conocerás a continuación sí funcionan. Espero que, al igual que yo, tú también puedas hacer realidad tus sueños.

El tiempo no espera, pero tampoco necesita ser tu enemigo. Con las herramientas y el punto de vista adecuados, puede convertirse en tu principal aliado a la hora de construir la vida que deseas.

La verdadera magia está en el método - en la espiral que te permitirá crecer naturalmente. Si estás dispuesto a trabajar con constancia e inteligencia, y a automatizar procesos tanto en tu vida como en tu trabajo, el éxito está a tu alcance.

Cada día que pasa sin implementar un sistema eficaz es un día de potencial desperdiciado. Pero cada día también es una nueva oportunidad para comenzar tu viaje por la espiral. No hacen falta condiciones ideales para empezar - solo necesitas dar el primer paso.

PRIMERA PARADA:
Hábitos, rutinas y rituales

Lo más difícil es la decisión de actuar, el resto es meramente tenacidad.

Amelia Earhart

¿Qué pasaría si pudieras diseñar tu vida como un artista compone un cuadro? Imagina tu vida como una obra de arte donde cada acción diaria es una pincelada. Así como una pintura cobra vida a través de cada color, tu existencia va tomando forma a través de tus hábitos. Ellos dictan tus acciones, y esas acciones generan los resultados que construyen tu vida actual.

Piensa en los hábitos como la programación de tu comportamiento: secuencias de acciones que tu cerebro ejecuta en piloto automático, esculpiendo tu destino silenciosamente día tras día. Estos hábitos se forman a través de la repetición y pueden ser tanto positivos como negativos. He aquí una idea revolucionaria: la vida que estás viviendo hoy es la suma de todos tus hábitos pasados, ya que tus decisiones y acciones anteriores te han traído hasta donde estás hoy.

Esta información tiene el poder de transformar tu vida, como lo hizo con la mía, empoderándote de formas que quizá aún no imaginas. Cada decisión que tomas, cada acción que repites, es como un voto para la persona en la que te estás convirtiendo.

Recuerdo cuando entendí esto por primera vez. Me di cuenta de que todo lo que tenía hasta ese día había sido de producto de mis acciones diarias. En una de las áreas de mi vida donde lo experimenté inmediatamente fue en la composición de mi cuerpo. Un día me hice un estudio médico para determinar mi porcentaje de grasa y mi masa muscular. Siempre había hecho ejercicio y comido bien, pero descubrí, como muchas mujeres, que no comía suficiente proteína. Me había vuelto casi vegetariana, practicaba el ayuno intermitente y nada de esto me estaba ayudando. Cuando me hice el estudio descubrí que ni mi porcentaje de grasa corporal ni mi masa muscular estaban en valores óptimos. Me costó mucho aceptar esta realidad porque me consideraba una persona con un estilo de vida saludable. Pero eventualmente decidí cambiar mis hábitos.

No los cambié de golpe, lo hice gradualmente. Comencé por comer más proteína y suplementar las vitaminas que me faltaban. Después empecé a trabajar con un entrenador de manera virtual. El siguiente paso fue aumentar el nivel de mi entrenamiento con pesas y conseguir un entrenador presencial. En la siguiente vuelta a la espiral, una vez más incrementé la cantidad de peso que levantaba. Actualmente, estoy integrando más cardio. Cada uno de estos hábitos ha cambiado poco a poco la composición de mi cuerpo.

Por momentos, sentí que no avanzaba lo suficiente y fue muy frustrante. Definitivamente, me tomó más tiempo del que esperaba. Pero con la ayuda de mi nutricionista y mi entrenador logré los resultados que había soñado.

Tú también puedes lograrlo. Si eres el producto de las acciones que realizas cada día y esas acciones diarias no son decisiones conscientes sino hábitos automatizados, tus hábitos son los que le dan forma a tu vida.

Y lo mejor de esto es que puedes diseñar la vida de tus sueños a través de tus hábitos. La neuroplasticidad cerebral - la capacidad de tu cerebro para hacer nuevas conexiones - te ofrece un lienzo en blanco para rediseñar tus hábitos. Y lo más importante es que no necesitas enfocarte en los grandes resultados finales, solo en las acciones cotidianas que realizas en cada momento del día.

Hagamos un ejercicio rápido: ¿Qué haces al levantarte? ¿Cómo te preparas antes de dormir? ¿Qué alimentos consumes? ¿Con quién compartes tus comidas? Cada una de estas acciones son hábitos que, sumados, determinan la calidad de tu vida. Si son hábitos positivos, te acercarán a la vida que deseas.

Permíteme mostrarte la diferencia con un ejemplo real: imagina dos situaciones. En la primera, te despiertas tarde y apurada, enciendes un cigarrillo y tomas un café antes de salir corriendo por la puerta. En la segunda, tienes una rutina bien diseñada: te levantas temprano y meditas, escribes, haces ejercicio y disfrutas de un desayuno saludable. Mientras que el primer ejemplo te empuja a un ciclo de estrés y cansancio, el segundo te prepara para tener un día pleno y productivo, lleno de energía. Lo maravilloso es que, con el tiempo, las pequeñas modificaciones en tu rutina diaria pueden generar un potente impacto acumulativo.

Siempre puedes cambiar el rumbo y transformar tu vida. ¿Qué cambios que aún no has implementado te gustaría integrar en tu rutina? Tal vez te gustaría hacer ejercicio regularmente, empezar a meditar, comer más sano, o emprender un nuevo proyecto. Sea cual sea el cambio que deseas hacer, el mejor momento para empezar es ahora.

Los hábitos no son tan solo actos automáticos; son la base de tu éxito o de tus limitaciones. Cambiarlos requiere conciencia y consistencia, pero una vez que dominas el arte de crearlos intencionalmente, las posibilidades para tu vida son infinitas.

Hábitos

Atención plena

Gestión del tiempo

Productividad

Ingeniería de hábitos extraordinarios

La formación de hábitos es un potente mecanismo que impacta profundamente nuestra vida cotidiana. Los hábitos constituyen los cimientos sobre los que se construyen nuestras acciones, y, en última instancia, los resultados que obtenemos en todos los aspectos de nuestra vida: desde lo profesional hasta lo personal. A medida que desarrollamos hábitos positivos, éstos actúan como catalizadores, multiplicando naturalmente las acciones positivas en nuestra rutina diaria, promoviendo un ciclo virtuoso de crecimiento y bienestar.

Charles Duhigg, en su influyente libro *El poder de los hábitos*, señala que estos se forman porque el cerebro está constantemente buscando formas de ahorrar esfuerzo. Es fascinante como el cerebro humano, al intentar conservar energía, automatiza acciones cotidianas convirtiendo comportamientos complejos en secuencias fluidas y naturales. Esto nos deja con más capacidad mental para enfocarnos en problemas más complejos.[1]

Los hábitos nos permiten simplificar nuestra vida. Piensa en actividades básicas como comer de manera saludable, organizar nuestra bandeja de entrada o mantener nuestro espacio de trabajo ordenado; todas ellas pueden volverse automáticas en nuestras rutinas. Este proceso de automatización reduce la fatiga mental, ya que no necesitamos pensar activamente en cada paso de nuestras actividades diarias. Al liberar nuestra mente de esas pequeñas decisiones, ganamos espacio mental para concentrarnos en tareas que representan un mayor desafío o para resolver problemas no rutinarios.

Duhigg describe la estructura básica de un hábito, la cual consta de tres componentes: la señal, la rutina y la recompensa. La señal es el estímulo que activa el hábito. Puede ser un disparador externo, como una notificación en el teléfono, o interno, como un estado emocional. La rutina es la acción que llevamos a cabo en respuesta a esa señal, mientras que la recompensa es la gratificación que nuestro cerebro recibe al completar la acción. Esta recompensa refuerza el hábito, haciendo que el cerebro lo repita en el futuro.[2]

A continuación, te presento dos ejemplos para que entiendas mejor cómo funcionan los hábitos. El primero es positivo, se trata de escribir en un diario al final del día:

1. La señal: Tu diario está en un lugar visible, como la mesa de noche, donde puedes verlo cuando te vas a la cama.
2. La rutina o acción: Escribes sobre tu día durante unos minutos, enfocándote en objetivos alcanzados, aprendizajes o cosas por las que te sientas agradecido.
3. La recompensa: La sensación de claridad mental y gratitud que surge después de reflexionar, reduciendo el estrés.

También tenemos muchos hábitos negativos y estos se refuerzan al igual que los positivos. Un ejemplo de un hábito negativo es comer comida no saludable frente al televisor por la noche:

1. La señal: Sentarte en el sofá y encender la televisión al final del día puede ser el disparador.
2. La acción negativa: Consumir snacks poco saludables mientras miras series o películas.
3. La recompensa: El placer momentáneo del sabor.

La clave para fortalecer o modificar un hábito es entender el anhelo que impulsa al cerebro a buscar la recompensa. En el caso de un hábito como correr por la mañana, la recompensa puede ser la sensación de bienestar provocada por las endorfinas liberadas durante el ejercicio. A medida que repetimos la acción, el cerebro comienza a anticipar la recompensa, lo que refuerza el ciclo del hábito. Con suficiente práctica, el hábito se vuelve automático, lo que significa que su ejecución ya no requiere esfuerzo consciente.

Finalmente, nuestros hábitos son una poderosa herramienta para crear la vida que queremos. Cada pequeña modificación en nuestros hábitos diarios puede tener un impacto acumulativo que nos impulsa hacia nuestros objetivos a largo plazo. Al aprovechar este potencial, podemos hacer que nuestras acciones diarias nos beneficien, en lugar de sabotearnos, creando un ciclo de éxito que se refuerza a sí mismo.

La formación de hábitos positivos no solo nos ayuda a mejorar nuestra salud física o productividad, sino que también libera energía mental para tareas más importantes. Por eso, identificar los hábitos que queremos cambiar y actuar de manera consciente para reemplazarlos por otros más beneficiosos es esencial para vivir una vida más plena y equilibrada.

Anatomía de un hábito positivo

1. La señal
   o Debe ser específica y clara
   o Preferiblemente vinculada a una actividad existente
   o Fácil de identificar

2. La rutina
   o Simple al inicio
   o Medible y concreta

3. La recompensa
   o Inmediata y tangible
   o Alineada con tus valores
   o Consistente

Ejemplo práctico: cómo desarrollar el hábito de la lectura diaria.

- Señal: Al terminar de cenar.
- Rutina: Leer 2 páginas (mínimo inicial).
- Recompensa: Registrar las páginas leídas en un rastreador de hábitos y sentir el bienestar de alcanzar una meta.

Este proceso de cambio no ocurre de la noche a la mañana, pero cada paso cuenta. Como explica Duhigg, cambiar un hábito es cuestión de entender cómo funciona el ciclo de señal, rutina o acción y recompensa, y ajustarlo a nuestras necesidades y metas. Con el tiempo, los hábitos que escojamos cultivar se convertirán en los pilares de nuestro éxito personal y profesional, y nos permitirán llevar una vida más rica y satisfactoria.[3]

El poder de los micro-hábitos: pequeños pasos, grandes cambios

Los micro-hábitos representan una revolución en la formación de hábitos. Basado en el principio de que los cambios más duraderos comienzan con pasos diminutos, este concepto fue popularizado por el Dr. BJ Fogg, fundador del Laboratorio de diseño de comportamiento (*Behavior Design Lab*) de Stanford. Su hipótesis, respaldada por la investigación en psicología del comportamiento, sugiere que reducir un hábito deseado a su forma más esencial reduce la necesidad de motivación y esto aumenta significativamente las probabilidades de éxito.

Los micro-hábitos funcionan porque eluden nuestras resistencias al cambio. Al ser tan pequeños que parecen extremadamente fáciles de implementar, no activan nuestros mecanismos de procrastinación. Por ejemplo, si te quieres levantar más temprano, ajustar tu alarma a un minuto antes cada día parece sencillo. Sin embargo, al cabo de un mes estarás despertándote 30 minutos más temprano.

Para implementar micro-hábitos, sigue estos pasos:

- Empieza por algo realmente pequeño: La clave es que el micro-hábito sea tan mínimo que no puedas decir que no. Con el tiempo, lo puedes ir aumentando.
- Sé específico: Define claramente el micro-hábito que quieres implementar. Por ejemplo, en lugar de "hacer ejercicio", define "caminar durante 5 minutos en la mañana".
- Asocia el micro-hábito a una rutina existente: Integra el nuevo hábito a una actividad que ya realizas a diario, como tomar café. La señal será consistente y desencadenará el comportamiento deseado.

- Celebra los pequeños logros: Celebra cada vez que completes tu micro-hábito. Esto refuerza el comportamiento y hará que quieras continuar.
- Sé paciente y constante: Los resultados no son inmediatos, ya que son incrementales, pero con el tiempo se acumularán. Cuanto más repitas el micro-hábito, más fuertes se volverán las conexiones neuronales asociadas con él y se hará más automático.

He aquí un ejemplo de un micro-hábito eficaz:

1. Diseño inicial
   o Hábito deseado → Versión micro
   o Ejemplo: "Leer una página" vs "Leer una hora"
   o Tiempo máximo: 2 minutos
2. Implementación
   o Momento específico del día
   o Vinculación con hábito existente
3. Expansión natural
   o Ir aumentando poco a poco, por ejemplo, agregando una página por semana.
   o Celebrar cada avance.

La clave está en comenzar por algo tan pequeño que fracasar sea prácticamente imposible. Con el tiempo, estos micro-hábitos actúan como semillas que crecen y se expanden de manera natural.

Detecta y transforma los hábitos saboteadores

Imagina que tus hábitos son un jardín: junto a las flores productivas pueden crecer malezas que drenan los nutrientes de tu tiempo y energía. Para crear rutinas realmente productivas, no basta con desarrollar buenos hábitos, sino que es igualmente importante eliminar aquellos malos hábitos que absorben constantemente tu energía y tiempo.

En su libro *Poor Charlie's Almanack*, Charlie Munger revela nuestra tendencia a resistir el cambio para evitar lo que él llama "inconsistencias".

Según Munger, el cerebro humano evita los cambios innecesarios para conservar energía mental, lo que hace que los hábitos, tanto buenos como malos, se consoliden a lo largo del tiempo.[4]

Esta resistencia al cambio es parte de un sesgo psicológico que nos predispone a actuar de manera consistente, incluso cuando sabemos que ciertos comportamientos no nos favorecen. Es como un piloto automático que se niega a cambiar de rumbo, incluso cuando nos dirigimos hacia un destino que no deseamos.

Piensa en el tiempo que pasas en las redes sociales: cada nueva información, cada 'me gusta', cada notificación actúa como una mini-recompensa que refuerza este comportamiento. Se trata de una recompensa inmediata (distracción o entretenimiento), lo que fomenta la repetición. Para contrarrestar esta tendencia, Benjamin Franklin alguna vez ofreció un consejo que sigue siendo relevante aún hoy: *"Un gramo de prevención vale un kilo de cura"*. Si notas que estás comenzando a desarrollar un mal hábito, es esencial actuar de inmediato para eliminarlo antes de que se consolide.[5]

Los hábitos negativos, como la procrastinación o la impuntualidad, a menudo se instalan en nuestras vidas desde temprana edad y pueden volverse difíciles de eliminar. Aunque son automáticos, estos hábitos suelen tener raíces profundas, derivadas de comportamientos aprendidos o de circunstancias específicas. Para modificar un hábito negativo es esencial entender su origen y sustituirlo por uno positivo.

Analizando los hábitos negativos:

1. Identifica la señal
   o ¿Qué hora es?
   o ¿Dónde estás?
   o ¿Qué emoción sientes?
2. Analiza la respuesta
   o ¿Qué haces exactamente?
   o ¿Cuánto tiempo dura?

o ¿Es automático o consciente?

3. Evalúa la recompensa

o ¿Qué obtienes de esto?

o ¿Cómo te sientes después?

o ¿Qué otra cosa podría darte la misma satisfacción?

Por ejemplo, considera el hábito de comer en exceso cuando te sientes ansioso. En este caso, la señal podría ser el estrés acumulado en el trabajo o en casa. Identificar esta señal es el primer paso. En lugar de recurrir a la comida como respuesta automática para calmar la ansiedad, podrías reemplazar ese hábito con una acción más saludable, como salir a caminar, practicar respiración profunda o beber agua. Estas acciones no solo alivian el estrés, sino que también previenen los efectos negativos de comer en exceso, mejorando tu bienestar físico y emocional.

De este modo, al reconocer la señal que desencadena el hábito y sustituir la respuesta por una más constructiva, es posible transformar el ciclo negativo en uno positivo, que te acerque a tus objetivos de salud y bienestar.

Otro ejemplo puede ser el uso excesivo del celular, algo que he experimentado en carne propia. Utilizo mi teléfono para trabajar, pero he notado que, cada vez que reviso mis mensajes, de manera automática abro aplicaciones como redes sociales, lo que inicia un ciclo de distracción. Entro a revisar cómo van mis redes y qué ha pasado en las cuentas que sigo. Para romper este ciclo, eliminé todas las aplicaciones de redes sociales de mi teléfono, excepto las que necesito para trabajar, y también instalé una aplicación que bloquea el acceso a estas plataformas en horario laboral. Sin embargo, el ciclo está bien arraigado y a veces pierdo tiempo en las redes que utilizo para trabajar. Pero con la aplicación de bloqueo, me fui volviendo más consciente y aunque todavía veo las redes, el tiempo que paso allí es muy corto.

Afortunadamente, los malos hábitos no son los únicos que persisten. Los buenos hábitos también tienden a afianzarse una vez que los incorporamos. Esto es una buena noticia, ya que el método más efectivo para eliminar un mal hábito es reemplazarlo por uno positivo. Cuando transformas tus acciones negativas en conductas productivas, el cerebro sigue el mismo ciclo de señal, rutina y recompensa, pero con resultados mucho más fructíferos.

Los malos hábitos pueden ser eliminados o transformados si somos conscientes de ellos y los sustituimos por comportamientos que estén alineados con nuestros objetivos. Crear un ciclo virtuoso de buenos hábitos no solo mejora nuestra productividad, sino también nuestra calidad de vida en general. El desafío no radica solo en identificar los malos hábitos, sino en desarrollar estrategias eficaces para reemplazarlos por acciones que nos acerquen al tipo de vida a la que aspiramos.

Como lo indica mi ejemplo de las redes, no buscamos la perfección, somos humanos. Es importante siempre darnos ese espacio. Piensa más bien que pequeñas modificaciones incrementales nos permitirán avanzar en la dirección que buscamos.

Prioriza y triunfarás

A medida que empiezas a comprender el poder transformador de los hábitos, te invito a comenzar a hacer pequeños cambios en tu vida. Imagina que construir tu red de hábitos es como construir una casa: no pondrías el techo antes que los cimientos. Empieza por hacer pequeñas modificaciones en los aspectos básicos de tu vida, seleccionando dos hábitos a la vez, y enfócate en ellos hasta que estén bien consolidados en tu rutina diaria.

Piensa en tus hábitos como inversiones: algunas darán un mayor rendimiento que otras, así que selecciona cuidadosamente los elementos que deseas integrar en tu vida. Para ello, haz una lista de los aspectos clave que te gustaría incorporar. Analiza tus prioridades y cómo estas pueden convertirse en hábitos o secuencias de hábitos que te ayuden a alcanzar tus metas a largo plazo.

Tus convicciones son la brújula interna que guiará cada decisión en este viaje de transformación. Ellas son el punto de partida de una cadena que decide cómo será nuestra vida: primero les dan forma a nuestros pensamientos, luego a nuestras palabras, que se convierten en acciones. Esas acciones, repetidas, forman nuestros hábitos, que a su vez moldean nuestros valores y, finalmente, nuestro destino.

Cuando logras identificar las prioridades que están alineadas con tus convicciones, es cuando puedes empezar a construir una rutina sólida y significativa. Algunas de estas prioridades tal vez ya estén presentes en tu vida diaria, como trabajar o leer. Otras, sin embargo, podrían ser nuevos hábitos que quieras incorporar, como dedicarle tiempo a la meditación.

Entender cómo funcionan los hábitos y comenzar a transformar los saboteadores en positivos es el primer nivel en la primera parada de la espiral. Enseguida aprenderás a alinear tus hábitos con tus prioridades. Luego comenzarás a organizarlos en rutinas productivas, y a transformarlos en rituales sólidos y de impacto que le darán sentido a tu vida.

Cada vuelta de la espiral contiene esta especie de espirales internas. Todo lo que irás aprendiendo adquirirá una nueva dimensión con los conocimientos que recibirás a continuación. La espiral es un sistema que irás comprendiendo poco a poco. Ahora que has conocido las bases de la formación de hábitos, veremos cómo puedes sacarles el mayor provecho, alinearlos con tus prioridades y afianzarlos a través de rutinas y rituales.

Ordena tus prioridades: el camino hacia tu mejor versión

Tu vida es como un jardín con diferentes tipos de plantas útiles y bellas: cada una necesita su propio espacio y requiere cuidados especiales para florecer. Cuidar de ellas te ayudará a establecer un equilibrio entre los diferentes aspectos de tu vida. Si estás iniciándote en el análisis de tus hábitos, será conveniente enfocarte en ellas una por una.

Esto te ayudará a tomar decisiones claras y a centrarte en lo que realmente importa. Empieza a analizar las áreas fundamentales del crecimiento personal:

- Vitalidad y bienestar: Ejercicio, alimentación sana y descanso.
- Desarrollo profesional: Proyectos prioritarios, nuevos desafíos, tareas que hayas postergado y trabajo rutinario.
- Relaciones humanas: Tiempo para profundizar en relaciones importantes.
- Desarrollo personal: Participar en actividades recreativas, comunitarias o en equipo que te apasionen.

Para maximizar el impacto de tus cambios, es útil aplicar la Teoría de la Pirámide de Maslow. Este modelo psicológico sugiere que los seres humanos tenemos una jerarquía de necesidades, que comienza por las más básicas y asciende hasta las más complejas. Para alcanzar un equilibrio y un desarrollo personal integral, es fundamental empezar por la base y luego avanzar gradualmente hacia los niveles más altos de la pirámide.

En la base de la pirámide se encuentran las necesidades fisiológicas esenciales, como la alimentación, el descanso y la salud física. Ellas son vitales para la supervivencia, por lo que deberían ser tu primera prioridad. Asegúrate de cuidar tu bienestar físico a través de una alimentación saludable, un descanso adecuado y ejercicio regular. Estos cimientos son cruciales para tener la energía y claridad mental necesarias para abordar con éxito otros aspectos de tu vida.

Una vez que hayas cubierto tus necesidades básicas, puedes enfocarte en la seguridad, ya sea financiera o física. A partir de ahí, el siguiente paso es atender las necesidades de amor y pertenencia, cultivando relaciones positivas. Después, llega el momento de trabajar en la autoestima, que se basa en los logros personales y el reconocimiento. Finalmente, alcanzarás la autorrealización, que implica desarrollar tu máximo potencial y sentirte pleno como individuo.

Nivel	Necesidades	Descripción
5 Autorrealización	Desarrollo personal	Máximo potencial, creatividad, crecimiento personal
4 Reconocimiento	Estima y logros	Confianza en sí mismo, autorrespeto, reconocimiento de otros
3 Afiliación	Sociales y afectivas	Amor, amistad, pertenencia a grupos, familia
2 Seguridad	Protección	Empleo, recursos, salud, propiedades, estabilidad
1 Fisiológico	Básicas	Alimentación, agua, descanso, respiración, salud física

Si utilizas la Teoría de Maslow a la hora de organizar tus prioridades, te asegurarás de construir sobre cimientos sólidos. Este enfoque progresivo, comenzando desde la base y avanzando hacia los niveles superiores, te permite priorizar el bienestar físico y emocional, de modo que puedas abordar proyectos laborales, mantener relaciones saludables y, eventualmente, alcanzar la autorrealización.

Si tuvieras la oportunidad de rediseñar tu vida desde cero, ¿cuáles serían los pilares fundamentales sobre los que construirías todo lo demás?

Para profundizar en este proceso, es esencial crear un ambiente que favorezca la introspección y te permita conectarte más profundamente contigo misma. Un buen lugar para comenzar es buscar un espacio en tu hogar donde te sientas cómoda y alejada de distracciones, quizás en un rincón tranquilo o cerca de una ventana que te permita ver la naturaleza. En este estado de serenidad, puedes empezar a explorar las áreas de tu vida que deseas mejorar.

Una vez que tengas claridad sobre tus prioridades, es el momento de analizar cómo estás usando tu tiempo actualmente y hacer ajustes para alinearlo con lo que es verdaderamente importante para ti. ¿Cuánto tiempo le estás dedicando a las cosas que realmente valoras? ¿Qué cambios puedes implementar para garantizar que estas áreas clave estén bien atendidas? ¿Por dónde vas a empezar?

Desarrollo de hábitos duraderos

He descubierto una verdad fundamental: cuando integras tus prioridades más importantes como piedras angulares de tu día, el resto de las actividades se acomodan naturalmente alrededor de ellas, como el agua fluyendo entre las rocas de un río. Alinear tu agenda con tus prioridades es esencial, no solo para alcanzar tus metas profesionales, sino también para encontrar un sentido de plenitud y felicidad en la vida. Este proceso de alineación te brinda mayor claridad y reduce el estrés, ya que sabrás que estás trabajando en lo que realmente te importa.

Piensa en la construcción de hábitos como en el crecimiento de un árbol: necesita tiempo para fortalecer sus raíces antes de elevarse hacia las alturas. Enfócate en incorporar uno o dos hábitos a la vez, con consistencia, hasta que se conviertan en parte natural de tu rutina. A medida que estos hábitos se consolidan, puedes añadir nuevos elementos sin sentirte abrumada.

A medida que vayas incorporando hábitos beneficiosos, notarás cómo tus acciones diarias comienzan a generar los resultados que has estado buscando. No obstante, es crucial que disfrutes del proceso. Los resultados que obtienes son el fruto de un proceso fluido y saludable, en el que cada acción, por más mínima que sea, cuenta.

Diseña una rutina de alto rendimiento

Ahora que entiendes el poder de los hábitos, estás listo para el siguiente paso en el diseño de tu vida: las rutinas. Las rutinas son la estructura invisible que sostiene nuestros días, transformando el caos en orden y el esfuerzo en resultados. Se trata de secuencias de hábitos organizadas para optimizar nuestra gestión del tiempo y energía, que nos guían consistentemente hacia nuestros objetivos.

El poder de las rutinas eficaces:

1. Actúan como un ancla que le da estabilidad a tu día.
2. Automatizan decisiones repetitivas.
3. Preservan tu energía mental.
4. Construyen éxito sostenible.
5. Transforman intenciones en resultados.

Las rutinas no solo mantienen nuestro impulso, sino que también son la base que nos proporciona estabilidad en medio del caos cotidiano. Al automatizar decisiones diarias, liberamos nuestra energía mental para enfocarnos en lo verdaderamente importante.

Una rutina bien afianzada convierte tareas esenciales en actos casi automáticos, lo cual nos facilita el avance constante hacia nuestras metas. Sin rutinas, desperdiciamos nuestra reserva limitada de voluntad en decisiones triviales, lo cual puede ser agotador y llevarnos al fracaso. Al construir rutinas sólidas, creamos un sistema que opera a nuestro favor, donde la suma de nuestros hábitos contribuye al éxito a largo plazo. Para construir rutinas sólidas, es esencial comprender cómo implementar esos hábitos con constancia para avanzar hacia nuestras metas.

El verdadero secreto del éxito en el manejo del tiempo reside en ejecutar acciones consistentes que, *inevitablemente*, te llevarán a alcanzar los resultados que deseas. Aunque tendemos a enfocarnos en los resultados finales, lo que realmente importa es la constancia en tu accionar. Los resultados no son más que el fruto de los hábitos que has

31

cultivado. Si eres persistente en tus acciones, esos resultados llegarán como una consecuencia natural del esfuerzo acumulado.

La base de una rutina eficaz es la formación de buenos hábitos. La idea es integrar a tu rutina semanal todas las acciones que te llevarán inexorablemente a los resultados que buscas. Si todos los días, a cada hora, tuvieras que elegir ejecutar cada una de tus acciones (ir al gimnasio, llegar al trabajo, tener una reunión para un proyecto, leer), sería desgastante y necesitarías mucha fuerza de voluntad. Afortunadamente para ti, no tiene que ser así, porque puedes recurrir al poder de los hábitos.

Antes de descubrir este principio, yo pasaba mis días tomando decisiones sobre lo que iba a hacer en cada momento. Mi día laboral no tenía una rutina consistente. En las mañanas podía tanto ver reportes de ventas como marcar reuniones. Mi día estaba regido por mi lista de pendientes y mi objetivo era completarla. Pero esta estrategia poco eficiente hacía que me pasara el día utilizando mi fuerza de voluntad para cumplir con todo lo que tenía por delante. Muchas veces había tareas que no quería hacer y simplemente las postergaba. No tenía un esquema organizado. Esto me desgastaba, quitándome energía vital que podría haber invertido en la empresa.

Me llevó un par de años comenzar a desarrollar una rutina donde ejecutaba el trabajo que requería más capacidad mental en la mañana y dejaba lo que se me hacía más fácil para la tarde. Y fue entonces que mi día empezó a fluir. Hasta marqué un solo día para revisar informes de ventas, recuerdo que eran los jueves. Esto me permitía estar siempre al tanto de lo que pasaba sin tener que revisar constantemente los informes. Mi semana era previsible y cuando tenía un pendiente que necesitaba atender, gracias a mi rutina, sabía en qué momento era mejor colocarlo.

Desarrollar tus rutinas te llevará a niveles de productividad muy elevados, ya que ellas aportan estructura y orden a nuestros días. Aunque muchas veces surgen de manera natural, si decides usar tu rutina como una herramienta, podrás aprovechar al máximo tu tiempo y energía. La clave está en crear hábitos intencionales que formen parte de tus rutinas y hagan que las actividades más importantes se realicen de forma casi automática. De esta manera, una vez que los hábitos están bien integrados, incluso las tareas más complejas se llevan a cabo casi sin esfuerzo consciente.

Las rutinas eliminan la necesidad de tomar constantemente decisiones sobre qué hacer a lo largo del día, liberando valioso espacio mental. Con rutinas sólidas, puedes actuar de manera automática y dedicar tu energía a las tareas que requieren mayor concentración. Esta constancia diaria, basada en hábitos intencionales, te permite avanzar sostenidamente hacia tus metas.

Ahora que ya entiendes cómo funcionan los hábitos, puedes crear tu rutina ideal.

El arte de interconectar hábitos para crear rutinas

El primer paso para crear una rutina efectiva es realizar un análisis consciente de tu uso actual del tiempo. Reflexiona sobre la cadena de acciones que integran tu día: ¿Qué acciones realizas cuando te levantas? ¿Qué haces antes de acostarte? ¿Qué actividades realizas los fines de semana?

Proceso de observación consciente:

1. Documentación diaria sin juicios
2. Identificación de patrones recurrentes
3. Análisis de momentos clave
4. Reconocimiento de hábitos automáticos
5. Evaluación de efectividad

Examina sistemáticamente cada segmento de tu día, identificando los patrones y hábitos que emergen naturalmente. Es importante observarte a ti mismo sin juzgar, y evitar implementar cambios durante al menos dos semanas. Este período de observación generará aprendizajes sorprendentes sobre tus comportamientos automáticos. Tal vez descubras que siempre vas por el mismo camino al trabajo. Toma nota de todo lo que te parezca interesante, pero no intentes cambiar nada hasta haberle dedicado suficiente tiempo a la observación.

Una vez que hayas completado este período de introspección, revisa tus notas y escribe sobre lo que observaste. Siéntate en tu lugar favorito con una taza de té y define cuál área de tu vida, que deseas mejorar, es la más importante. Ya has estado experimentando con hábitos aislados, ahora intenta verlos desde la perspectiva de una rutina. Observa los hábitos en su contexto y analiza cómo puedes interconectar unos con otros para diseñar la mejor rutina posible.

Recuerda priorizar los hábitos que tengan un mayor impacto en tu bienestar o estén alineados con tus objetivos a largo plazo. Debido a que nuestra energía es limitada, te recomiendo que implementes los cambios uno o dos hábitos a la vez. La implementación gradual maximiza las probabilidades de éxito, ya que el proceso no te resultará pesado y tendrás más posibilidades de mantenerlo a largo plazo. Los nuevos hábitos toman tiempo para afianzarse. Solo cuando un hábito se haya integrado completamente en tu rutina, estarás listo para introducir el siguiente.

¿Cómo saber cuándo continuar modificando tu rutina? Cuando la ejecución del hábito se vuelve tan automática como respirar, tan natural que realizar la acción requiere menos energía que evitarla.

Esta es la distinción fundamental entre las personas que logran el éxito extraordinario: ellas han construido sistemas de hábitos que multiplican el valor de cada minuto invertido, permitiéndoles lograr resultados exponencialmente mayores con la misma cantidad de tiempo.

La magia del encadenamiento de hábitos

El arte de diseñar una rutina efectiva reside en la alineación estratégica entre tus hábitos y tus ciclos naturales de energía.

Principios para un encadenamiento efectivo:

1. Alinear los hábitos con tus ciclos de energía.
2. Interconectar actividades complementarias.
3. Crear transiciones fluidas.
4. Minimizar la resistencia.
5. Automatizar decisiones.

Si eres una persona que tiene más energía por la mañana, puedes aprovechar ese tiempo para realizar actividades que requieran esfuerzo físico o mental, como el ejercicio o la planificación de tareas importantes. Por otro lado, actividades más relajantes, como la lectura, podrían ser más efectivas al final del día. Diseña secuencias estratégicas de hábitos que fluyan naturalmente uno hacia el otro. Por ejemplo, si después de meditar quieres escribir en tu diario, agrupar estos hábitos te ayudará a crear un flujo continuo y sin interrupciones. Estas secuencias después se convierten en tu rutina.

El "apilamiento de hábitos" es una técnica efectiva para crear nuevas rutinas con fluidez. Es el arte de interconectar nuevos hábitos con comportamientos ya afianzados, creando una cadena natural de acciones que se refuerzan mutuamente. Por ejemplo, si ya tienes el hábito de tomar una taza de café por la mañana, podrías aprovechar ese momento para leer durante 10 minutos; de esta forma creas un vínculo lógico entre los dos hábitos. Al apilar los hábitos, reduces la resistencia al cambio y aumentas la probabilidad de mantener el hábito nuevo porque está relacionado con algo que ya haces de manera automática.

Estructura de un apilamiento efectivo:

1. Hábito ancla (existente)
2. Transición natural
3. Nuevo hábito
4. Recompensa inmediata
5. Preparación para la siguiente acción

Esta técnica también es útil para simplificar actividades que pueden parecer agotadoras cuando se visualizan de forma aislada. Si tu objetivo es mantener la casa ordenada, puedes crear microrutinas de orden conectadas con tus hábitos diarios existentes. Podrías, por ejemplo, hacer la cama justo después de cepillarte los dientes o limpiar la cocina después de terminar de desayunar. La fragmentación de tareas en secuencias lógicas minimiza la resistencia y cataliza la acción inmediata.

Además, agrupar hábitos tiene beneficios psicológicos. La arquitectura de secuencias de hábitos crea puntos de anclaje mentales que automatizan la progresión de una actividad a otra. Cada hábito se convierte en un desencadenante para el siguiente, reduciendo la necesidad de tomar decisiones constantemente durante el día, lo cual disminuye la fatiga mental. Con el tiempo, los hábitos interconectados se vuelven automáticos, y toda la rutina se desarrolla sin esfuerzo consciente, mejorando así no solo la eficiencia, sino también el bienestar general, al permitirte enfocarte en actividades más complejas y satisfactorias.

La revolución de la constancia

La paradoja del cambio radica en nuestra tendencia a confundir la intensidad con la eficacia: nos lanzamos con máximo esfuerzo hacia nuestras metas, pero nuestra motivación parece desvanecerse rápidamente. Esta es la razón por la cual los gimnasios reciben muchas más inscripciones en enero, cuando aún están frescas las "resoluciones de año nuevo".

Motivados por los cambios que quieren hacer en su vida, los nuevos miembros empiezan a ir al gimnasio con frecuencia y a entrenar intensamente, con la esperanza de que ese año por fin sea diferente. El exceso de autoexigencia los lleva inevitablemente al agotamiento y al abandono. La mejor forma de marcar la diferencia es hacer un poco cada día, de forma constante, y dejar que los efectos de cada una de estas acciones se acumulen con el tiempo.

Es mejor incorporar este tipo de actividades de manera incremental para integrar la actividad física a tu rutina de manera sostenible. El esfuerzo inicial es la inversión que da como retorno dividendos exponenciales de energía y vitalidad. La magia ocurre cuando el hábito se integra tan sólidamente que tu sistema nervioso lo adopta como su nuevo estado normal. No tendrás que pensar si tienes "energía" para ir al gimnasio; tu cuerpo te lo pedirá solo. Además, entenderás que el ejercicio aumenta tu energía, por lo que, cuanta menos energía sientas que tienes, más importante será cumplir con tu rutina saludable.

La consistencia es el multiplicador invisible que transforma los esfuerzos más mínimos en logros extraordinarios. Por ejemplo, es mucho más beneficioso trabajar en un proyecto durante 15 minutos diarios que dedicarle 3 horas una sola vez en el mes.

Así fue como escribí mi libro, *Heptagrama*. Me propuse al principio escribir solo 200 palabras diarias. Me sentaba todos los días a la misma hora y escribía durante el tiempo que me llevara alcanzar las 200 palabras. Algunos días, las palabras fluían naturalmente, otros días, cada palabra era una lucha, pero la consistencia siempre prevalecía. Poco a poco, el hábito de sentarme a escribir hizo que se acumularan los capítulos del libro.

Había días en que estaba inspirada y lograba escribir mucho más. Y cuando menos lo esperaba, me di cuenta de que había terminado de escribir el libro.

Ejemplo práctico: consistencia en la escritura.

- Meta diaria alcanzable: 200 palabras
- Momento específico: Misma hora cada día.
- Enfoque: Consistencia por encima de la cantidad.
- Resultado: Acumulación natural del progreso.
- Beneficio: Menor resistencia mental.

Cuando incorpores una actividad en tu rutina, podrás acumular tus acciones y vas a lograr lo que quieras. La magia reside en que un mínimo esfuerzo diario pasa desapercibido, mientras sus efectos se multiplican silenciosamente.

El poder de la persistencia

Desarrollar una rutina requiere persistencia, especialmente cuando enfrentas obstáculos y te sientes tentado a rendirte. Integrar un hábito a tu rutina puede ser difícil al principio, pero con el tiempo se convierte en algo automático. El entusiasmo inicial inevitablemente se topa con la barrera del cansancio y las limitaciones de tiempo, pero es aquí donde la verdadera transformación comienza. Si persistes y te comprometes a hacer pequeños esfuerzos diarios, como dedicarle 15 minutos al curso que has querido completar durante años, el curso dejará de ser una carga y se convertirá en una parte natural de tu día.

La fórmula del progreso acumulativo:

Pequeño esfuerzo diario

$\boxtimes$

Tiempo sostenido

$=$

**Transformación
exponencial**

El verdadero poder de la persistencia se manifiesta en la silenciosa acumulación de mejoras minúsculas que, día tras día, construyen cambios monumentales. James Clear, en su libro *Hábitos atómicos*, explica que mejorar solo un 1% cada día puede parecer insignificante al principio, pero con el tiempo, esos pequeños cambios se acumulan y generan un progreso exponencial. La idea es no hacer cambios drásticos, sino enfocarse en ser un poco mejor cada día. Esa mejora gradual tiene un impacto significativo a largo plazo. Si te vuelves un 1% mejor cada día significa que, al final del año, serás 37 veces mejor que al principio. Este concepto subraya la importancia de no subestimar el poder de los pequeños esfuerzos diarios.

El efecto del 1% diario:

(El 1 representa tu nivel al principio, 1% es 1/100=0.01. Se utiliza una fórmula de crecimiento acumulativo, similar a la del interés compuesto).

- Día 1: $1.01^1 = 1.01$
- Día 30: $1.01^{30} = 1.34$
- Día 180: $1.01^{180} = 5.96$
- Día 365: $1.01^{365} = 37.78$ [6]

El poder transformador de la persistencia no reside en decisiones ocasionales y radicales, sino en la aparentemente insignificante disciplina de las pequeñas decisiones diarias que, como gotas de agua persistentes, esculpen la roca hasta formar imponentes barrancos de transformación en el paisaje de nuestra vida.

Ejemplo del poder acumulativo del ahorro diario:

Ahorrar $5 por día

- Por día: $5
- Por semana: $35
- Por mes: $150
- Por año: $1,825

- Equivalente: Un fondo de emergencia o un viaje de ensueño.
- Resultado: Estabilidad financiera y tranquilidad.

Cada paso cuenta. Si un día solo puedes ahorrar $2 en lugar de $5, sigue siendo un avance. Lo esencial es mantener la disciplina y no abandonar tu objetivo. La persistencia se trata de seguir avanzando, incluso cuando los avances parezcan pequeños, ya que su acumulación traerá resultados sorprendentes con el tiempo.

Este enfoque también evita la frustración de las expectativas poco realistas. Cuando intentamos cambiar nuestras rutinas, solemos querer resultados rápidos y decisivos. Sin embargo, como enseña Clear, el verdadero poder está en el cambio incremental y en la acumulación de pequeñas victorias. Cada día en que decides caminar, leer o meditar, estás sumando a ese gran cambio al que aspiras.

Pensar en la mejora incremental desarrolla una mentalidad de crecimiento. En lugar de desmotivarte por no alcanzar grandes metas de inmediato, celebras cada pequeño avance. Este cambio de perspectiva te permite disfrutar del proceso y reconocer el valor de cada paso que das.

Flexibilidad: el secreto de las rutinas duraderas

La flexibilidad es el pilar que sostiene cualquier rutina exitosa. La vida es un flujo constante de cambios: un nuevo trabajo, el nacimiento de un hijo, una mudanza inesperada... siempre surgirán eventos que pondrán a prueba tu capacidad de adaptación. La clave para una rutina efectiva no es adherirse rígidamente a cada plan, sino saber ajustar el rumbo sin perder el norte.

Cuando diseñas tu rutina, acepta que no siempre será posible seguirla al pie de la letra. Pretender hacerlo los 365 días del año es simplemente irreal. Habrá días en que no cumplirás con lo previsto: podrías enfermarte, podrías necesitar un descanso. Y está bien, porque la flexibilidad permite mantener el equilibrio necesario para que tu rutina sea sostenible a largo plazo.

Por ejemplo, tal vez tu rutina de ejercicio esté planeada para la mañana, pero un nuevo trabajo te obliga a empezar más temprano. En lugar de abandonar el ejercicio, ajusta el horario: podrías hacerlo al final del día o dividir la sesión en dos más cortas. El objetivo es encontrar maneras de seguir avanzando sin importar las circunstancias. Fallar un día no significa fracasar; significa aprender a retomar con más fuerza al día siguiente.

La flexibilidad también es fundamental al momento de incorporar nuevos hábitos a tu rutina. Muchas veces, lo que imaginaste que funcionaría a la perfección, simplemente no da resultado. Es posible que intentes meditar por la mañana, pero te des cuenta de que tus responsabilidades te lo impiden. En vez de abandonar el hábito, prueba hacerlo en otro momento del día, tal vez por la noche, antes de dormir. La clave está en experimentar y permitirte encontrar la manera de integrar esos hábitos sin comprometer tu bienestar personal.

Recuerda: la rutina no se trata de seguir un conjunto de reglas a rajatabla, sino de crear una estructura flexible y adaptada a tus necesidades. La constancia no consiste en hacerlo todo perfecto, sino en aprender a fluir con los cambios mientras sigues avanzando hacia tus objetivos.

Al final del día, ser flexible no significa ceder ante los desafíos, sino mantenerte comprometida con tu meta, ajustando el camino cuando sea necesario.

Estrategia práctica: cómo construir rutinas flexibles.

1. Diseña tu rutina con margen para imprevistos.
   o Ejemplo: En lugar de planificar cada minuto, reserva un tiempo extra para adaptarte a posibles contratiempos.
2. Evalúa tu progreso semanalmente.
   o Pregúntate: ¿Qué funcionó? ¿Qué necesita ajustes?
3. Crea alternativas para los días complicados.

    o Si no puedes hacer tu rutina completa, ¿qué versión más breve sería efectiva?

Lograr aceptar que a veces tengo que acortar mi rutina es algo que me ha costado aprender dada mi tendencia hacia el perfeccionismo (algo en lo que también llevo años trabajando). Pero hay días y temporadas, como por ejemplo durante diciembre, con las fiestas, donde se me hace simplemente imposible cumplir con todo. Por lo tanto, ya tengo claro qué cosas no son negociables en mi día, como el ejercicio y la meditación, porque me centran sobre todo en momentos de mucha actividad, y mi tiempo con mis hijas.

Lo que me ayuda es saber que, al haber alimentado mediante mis rutinas, a lo largo del año, todas las otras áreas de mi vida, me puedo dar el lujo de no hacerlas por un tiempo y saber que todo estará bien a la larga. Por lo tanto, cumplo con el mínimo y acepto que, por ese día o esas semanas, mi rutina será diferente. Con el tiempo, hasta esas rutinas más breves se han vuelto automáticas y me siento cómoda de adaptar mi día de ese modo si es necesario.

Rutinas en evolución constante

Un aspecto fundamental del crecimiento en espiral es la flexibilidad y el ajuste constante en base a distintas variables. En cuanto a las rutinas, la interconexión, el encadenamiento, la constancia y la flexibilidad representan nuevos niveles en el mismo tramo de la espiral. Primero desarrollas una implementación sólida, luego orientas según tus metas, y después ajustas constantemente para no perder el rumbo cuando se presenten cambios. Esta dinámica te facilitará el avance y el ascenso por la espiral.

En este sentido, a medida que avanzas en la construcción de hábitos y rutinas, es crucial ajustar tu rutina a nuevas prioridades. No temas modificar o eliminar hábitos que ya no se alineen con tus metas. Haz revisiones periódicas para identificar qué actividades son esenciales y cuáles han perdido relevancia.

Parte de esta optimización implica aprender a decir "no". Greg McKeown, en su libro *Esencialismo: Logra el máximo de resultados con el mínimo de esfuerzos*, nos recuerda que decir "no" preserva nuestro tiempo y energía. No podemos hacerlo todo, y decir que sí a todo puede destruir la estructura de nuestras rutinas.

Al decirles "no" a actividades que no están alineadas con tus objetivos principales, dejas espacio para lo importante. Cada vez que rechazas una petición superflua, reafirmas tu compromiso con tus prioridades. Este simple acto fortalece tu concentración en tus objetivos, preserva tu energía y te ayuda a avanzar hacia la meta.

Aprender a decir "no" también nos permite respetar el propósito que guía nuestras rutinas. Cada vez que nos negamos a hacer algo que no se alinea con nuestras prioridades, estamos ratificando nuestro compromiso con lo que realmente valoramos. Esta capacidad de decir "no" resguarda nuestro tiempo, preservando la eficacia de nuestro accionar.

McKeown enfatiza que el poder de decir "no" radica en elegir menos, pero mejor. Selecciona cuidadosamente las actividades que te aportan mayor valor, y elimina las que solo ocupan espacio en tu agenda. Así, tus rutinas se volverán más eficientes y satisfactorias.[7]

Mantén un enfoque práctico y siempre orientado a lo que realmente funciona para ti, permitiendo que cada hábito y cada cambio te acerquen cada vez más a tus objetivos, sin que te sientas agobiado. Mantener un equilibrio entre persistencia, flexibilidad y la capacidad de decir "no" te ayudará a construir una rutina que no solo te permita alcanzar tus metas, sino también disfrutar del proceso y sentirte pleno a lo largo del camino.

El poder ancestral de los rituales

En nuestra búsqueda por alcanzar nuestros objetivos más ambiciosos, los hábitos y las rutinas flexibles establecen los cimientos fundamentales del éxito. Sin embargo, existe un componente adicional que puede elevar el impacto de nuestras rutinas a un nivel insospechado: los rituales.

En este tramo de la primera parada en la espiral, la ritualización te ayudará a profundizar el impacto de tus hábitos y rutinas, al tiempo que los hará más sólidos y duraderos. A medida que avanzas en el conocimiento de una nueva herramienta, subirás por la espiral, dándole un mayor impacto a todo lo que has aprendido hasta aquí. Este es el último concepto antes de pasar a la segunda parada en la espiral, y ya verás lo importante que es y los beneficios que te traerá.

Los rituales trascienden la simplicidad de los hábitos: son prácticas sagradas y deliberadas que forjan una conexión inquebrantable entre nuestras acciones diarias y nuestros valores más profundos. Ellos realzan nuestras rutinas del ámbito de lo automático a lo consciente, aportándonos una sensación de control y plenitud.

Dicen que el hábito no hace al monje. Tal vez sea porque el hábito es apenas una vestimenta, y no ha sido ritualizado. Para potenciar tus rutinas, te recomiendo que transformes tus hábitos en rituales. Cuando esto ocurre, los hábitos adquieren un nivel más profundo de significado. Un ritual transforma una simple acción repetitiva en un acto de significado profundo, animando cada momento con intención y propósito consciente. Esta intención transforma la experiencia y le otorga un sentido que va más allá de la mera ejecución de una tarea.

Los rituales son un conjunto de actos predeterminados que realizamos regularmente. Al poner en práctica nuestros hábitos con una intención consciente y un propósito definido, estos se transforman naturalmente en rituales que enriquecen múltiples aspectos de nuestra existencia. Tener rituales es una práctica muy eficaz que puede ayudarte a ahorrar energía y alcanzar tus objetivos personales y profesionales.

El poder transformador de los rituales se ha manifestado a lo largo de la historia humana: como ritos antes de las guerras o como simples actos cotidianos, tales como compartir alimentos. Ellos nos preparan para eventos importantes, nos ayudan a controlar nuestras emociones, y hasta parecen tener un toque mágico porque, misteriosamente, funcionan.

Por ejemplo, los atletas y soldados utilizan rituales para prepararse para competencias y enfrentamientos bélicos. Un atleta puede usar una prenda de vestir favorita o señalar hacia el cielo después de cada gol. Un soldado, por su lado, tal vez bese la foto de su madre antes del comienzo de una batalla. Estas secuencias nos protegen de la incertidumbre y la ansiedad, y nos permiten desempeñarnos mejor en situaciones de alto estrés.

El poder de los rituales:

• Mejoran el rendimiento orientado a metas.
• Regulan la respuesta cerebral al fracaso.
• Reducen la ansiedad y la incertidumbre.
• Fortalecen el control emocional.
• Aumentan la resistencia ante el fracaso.

La ciencia de los rituales

La investigación científica ha demostrado que los rituales actúan como un escudo protector contra el fracaso, permitiéndonos mantener un alto rendimiento incluso en situaciones complejas. Al transformar los hábitos en rituales, les damos un significado profundo a nuestras acciones cotidianas y cultivamos una conexión con nuestro bienestar emocional y mental.

Un estudio de la Universidad de Toronto descubrió que los participantes que realizaban un ritual antes de completar una tarea mostraban menos ansiedad y más tolerancia al fracaso personal que aquellos que no lo hacían. Esto sugiere que los rituales pueden ayudarnos a regular nuestras emociones y a afrontar mejor la adversidad.[8]

Los rituales nos ayudan a mantener el compromiso incluso cuando las circunstancias se tornan difíciles. Trascienden el concepto de una simple secuencia de acciones al establecer una intención clara que le da significado a cada paso. Esa intención puede ser la clave para transformar no solo nuestras rutinas, sino también nuestra percepción de ellas.

En un artículo publicado en el *New York Times* titulado "Rituals Keep These Athletes Grounded. They Can Help Parents, Too", la Dra. Neha Chaudhary escribió: "Como psiquiatra infantil, veo esos rituales como anclas, no solo para los atletas, sino para todos nosotros, para ayudarnos a recordar quiénes somos y cómo lidiar con la vida. Al adoptar nuestros propios rituales, podemos aportarles serenidad, significado y conexión a nuestras vidas y familias".[9]

Los rituales también generan un sentido de pertenencia y conexión social. En el libro *The Power of Ritual* de Casper ter Kuile, se argumenta que los rituales crean un puente entre lo cotidiano y lo trascendente, y que compartir estos rituales con otras personas fortalece nuestras relaciones. La constancia en la práctica de rituales compartidos transforma interacciones cotidianas en momentos de verdadera conexión. La conexión social es una parte fundamental del bienestar humano, y los rituales comunitarios ayudan a fomentar este vínculo. Participar en un ritual compartido, como una comida familiar o una actividad en grupo, le añade un significado que va más allá del simple acto físico; nos ayuda a reforzar lazos y a sentirnos apoyados.[10]

Jim Loehr y Tony Schwartz, en su libro *Energía Total: Cómo gestionar la energía para lograr el máximo rendimiento*, destacan que los rituales son una herramienta esencial para gestionar la energía de manera eficaz.

Los tres niveles de eficacia de los rituales según Loehr y Schwartz:

1. Gestión energética: Optimizan nuestra energía para servir a nuestros objetivos.

2. Superación de la escasez de voluntad: Reducen la dependencia de la disciplina.

3. Alineación con valores: Transforman prioridades en acciones concretas.[11]

De este modo, los rituales no solo nos ayudan a administrar nuestra energía, sino que nos permiten traducir nuestros valores en acciones tangibles, creando un puente entre lo que aspiramos a ser y lo que hacemos cada día. Todos tenemos rituales diarios, ya sean intencionales o no, que hemos desarrollado a lo largo del tiempo para asegurarnos de hacer lo que necesitamos. Tal vez se trate del ritual de despejar la mente al leer un libro antes de dormir, o el de prepararse mentalmente para el día durante el desayuno. Cuando las acciones que debemos realizar para alcanzar nuestras metas se vuelven automáticas, los rituales que hemos desarrollado nos ayudan a reducir la energía requerida para llevar a cabo esas tareas.

A medida que avanzamos, considera cómo puedes llevar tus rutinas al siguiente nivel. Pregúntate: ¿Cómo puedo intensificar el propósito de mis acciones diarias? ¿Cómo puedo transformar un simple hábito en un ritual que me conecte con lo que realmente valoro? Tal vez puedas desarrollar rituales específicos para ciertos momentos del día: como preparar una taza de té antes de sentarte a escribir en tu diario, o escuchar una canción que te inspire antes de una reunión importante. Los atletas, cirujanos, gerentes, y otros profesionales exitosos utilizan rituales positivos para alcanzar el máximo rendimiento en sus actividades.

Componentes clave de un ritual efectivo:

1. Propósito definido: Cada ritual contribuye a un objetivo en particular.
2. Momento designado: Tiempo determinado para su realización.
3. Secuencia estructurada: Pasos claramente delineados.
4. Atención consciente: Concentración total en cada acción.
5. Consistencia: Práctica regular y sostenida.

Los rituales no son solo para los atletas o los militares. Todos desarrollamos estrategias similares para sobrellevar momentos estresantes o difíciles. Tal vez ya tengas algunos rituales propios como cenar con tu familia o salir con tu pareja una vez a la semana. Lo bueno de los rituales es que son pequeñas intervenciones que pueden tener un gran impacto.

El impulso natural hacia la rutina puede transformarse en una poderosa herramienta de optimización personal cuando se canaliza adecuadamente. En mi familia, tenemos una reunión familiar semanal para discutir temas importantes para todos.

Anatomía de un ritual familiar eficaz:

- Elemento unificador: Compartir una comida.
- Intención: Unir a la familia y darles un buen ejemplo de comunicación a las niñas.
- Estructura clara: Secuencia definida de actividades
- Participación activa: Cada miembro contribuye.
- Organización: Agenda preparada durante la semana.
- Consistencia: Reunión semanal preagendada.

En resumen, los rituales funcionan porque aportan estabilidad, conexión y control, que son elementos fundamentales para nuestro bienestar. Desde la preparación metódica para una presentación hasta la planificación diaria, los rituales nos brindan un espacio seguro desde el cual podemos enfrentar los desafíos de la vida con mayor resiliencia y claridad.

Exploraremos cómo desarrollar rituales que nos permitan no solo ser más productivos, sino también sentirnos más plenos y conectados con nuestro propósito. Transformar nuestros hábitos en rituales tiene el potencial de cambiar la forma en la que vivimos cada momento, haciendo que cada acción cuente, no solo para alcanzar nuestras metas, sino para enriquecer cada paso del camino.

Transforma tus hábitos en rituales

Bienvenido a una muestra de la espiral en acción. Aquí aprenderás como maximizar el impacto de los hábitos que has desarrollado hasta ahora e integrado en tu rutina. La espiral te ayudará a salir de la linealidad en la que la mayoría de las personas buscan el éxito, sin lograr alcanzarlo. Algo que ya has incorporado, tal vez un hábito sencillo, puede adquirir en la espiral una dimensión insospechada.

Cada hábito cotidiano tiene el potencial de convertirse en un ritual de impacto. Veamos cómo transformar acciones diarias en prácticas intencionales potentes:

Bienestar físico:

- Incorpora una comida saludable y convierte el acto de prepararla en un momento consciente de conexión con tu bienestar.
- Sal a caminar escuchando música que te inspire, y antes de salir, tómate un momento para respirar profundamente y establecer una intención para tu paseo.

Relaciones importantes:

- Llama a un amigo o familiar de camino al trabajo y tómate el tiempo para realmente escuchar y conectar.
- Añade una actividad divertida con tus hijos durante el fin de semana, como cocinar juntos o explorar un parque para interactuar con ellos.
- Agenda un almuerzo o cena con tus padres/amigos una vez cada 15 días y mantente conectado.

Renovación:

- Prepara una taza de té antes de dormir y escribe 5 cosas por las que estás agradecida en tu diario para fortalecer tu sentido de gratitud.
- Enciende una vela y conecta contigo mismo durante algunos minutos cada mediodía para reducir el estrés y chequear cómo te encuentras física y mentalmente una vez al día.

Los rituales actúan como puentes transformadores entre quienes somos y quienes aspiramos a ser. Mientras más positivos y mejor planificados sean los rituales que implementemos como parte de nuestra rutina, mayor será el beneficio para nuestro nivel de energía.

La transformación de hábitos en rituales requiere un entorno que nutra y sostenga el cambio. Para prácticas contemplativas, diseña un espacio que invite a la introspección, incorporando elementos que alimenten tus sentidos y tu espíritu. La práctica se volverá más atractiva y placentera, convirtiéndose en un ritual al que desearás regresar cada día. Si tienes un hábito de lectura, mejora la experiencia eligiendo un rincón especial, como un sillón favorito, y acompañándolo con una bebida que disfrutes. Al convertir el acto de leer en un momento especial del día, comenzarás a asociar ese hábito con el placer y la calma, lo cual te ayudará a mantenerlo.

Tal Ben-Shahar, en su libro *La felicidad posible*, nos recuerda que la verdadera transformación ocurre a través de pequeños cambios sostenidos en el tiempo. Él enfatiza que los rituales, aunque puedan parecer insignificantes al principio, son poderosos precisamente porque operan a un nivel profundo, conectando nuestras acciones con nuestras emociones y valores. Tal como menciona Ben-Shahar, "los rituales nos permiten transformar el caos del día a día en algo manejable, aportando una sensación de estabilidad y orden".[12] Esta estabilidad es fundamental para desarrollar un sentido de propósito que, a su vez, nutre nuestra felicidad.

Finalmente, la verdadera magia de los rituales radica en su capacidad para transformar nuestras vidas de una manera sutil, pero eficaz. Cuando convertimos nuestras rutinas en rituales, ya no se trata simplemente de alcanzar metas o de ser más productivos; se trata de vivir con intención, disfrutar cada momento y encontrar sentido en cada una de nuestras acciones. A través de ellos, cada paso del camino se vuelve tan valioso como la meta misma.

De hábitos a rituales: el arte de la transformación consciente

La espiral ascendente hacia una vida extraordinaria comienza con la comprensión profunda de que nuestras acciones diarias son las que moldean nuestro destino. Como hemos explorado en este capítulo, los hábitos son la base de nuestro comportamiento, las secuencias invisibles que ejecutamos en piloto automático y que, día tras día, construyen silenciosamente nuestra realidad.

Cuando se cultivan con intención y se interconectan con eficacia, estos hábitos forman rutinas que nos permiten viajar por la vida con mayor eficiencia y claridad. El poder de una rutina bien diseñada no radica en su rigidez, sino en su flexibilidad para adaptarse a los cambios inevitables de la vida, manteniendo siempre como norte nuestros objetivos más importantes.

Es especialmente en la transformación de nuestras rutinas en rituales donde encontramos la metamorfosis. Los rituales elevan nuestras acciones cotidianas del reino de lo mecánico al dominio del sentido vital. No son simples secuencias de acciones; son puentes que conectan nuestros valores más profundos con nuestro comportamiento diario, dotando cada momento de propósito y significado.

Este proceso de transformación nos lleva a niveles cada vez más elevados de consciencia y eficiencia. Comenzamos con pequeños hábitos que, al ser nutridos con consistencia y propósito, evolucionan hacia rutinas estructuradas y, finalmente, rituales que le dan sentido a nuestra vida. Esta es la primera parada en la espiral.

La clave para el éxito sostenible no radica en la perfección inmediata, sino en el compromiso con el crecimiento continuo. Cada pequeño cambio que implementamos, cada hábito que mejoramos, cada rutina que refinamos y cada ritual que cultivamos nos acerca más a la vida que aspiramos a crear.

Al final, la verdadera transformación ocurre cuando reconocemos que no estamos simplemente gestionando nuestro tiempo: estamos diseñando intencionalmente nuestra vida. A través de la práctica consciente de hábitos positivos, el desarrollo de rutinas flexibles y la creación de rituales, no solo mejoramos nuestra productividad, sino que también enriquecemos cada momento de nuestra existencia.

El viaje de evolución personal es continuo, y cada día nos presenta nuevas oportunidades para refinar nuestras prácticas y profundizar nuestra conexión con lo que verdaderamente importa. Al abrazar este proceso de crecimiento consciente, nos convertimos en arquitectos activos de nuestra propia realidad, creando una vida que no solo es más productiva, sino también más valiosa y satisfactoria.

SEGUNDA PARADA:
Domina tu tiempo

No es posible bañarse dos veces en el mismo río.

Heráclito de Éfeso

Visualiza esto: Despiertas una mañana sintiéndote llena de energía y con la claridad de que cada minuto del día te pertenece. No hay prisas, no hay estrés, solo una sensación de control y propósito. ¿Parece un sueño imposible? Permíteme asegurarte que esta puede ser tu realidad.

El manejo del tiempo no es solo una habilidad, es un arte. Es la alquimia que transforma nuestras horas en experiencias valiosas, en una vida plena y satisfactoria. Lo que elegimos hacer con nuestro tiempo no solo define nuestro día a día, sino también el legado que dejamos en el mundo.

Pero aquí está el secreto que nadie te cuenta: la mayoría de nosotros vivimos con la ilusión de la falta de tiempo. Nos sentimos agobiados, corriendo de una tarea a otra, con la constante sensación de que "el tiempo no alcanza". Sin embargo, la verdad es que todos tenemos las mismas 24 horas. La diferencia radica en cómo elegimos usarlas.

Esta sensación de falta de tiempo no es exclusiva de unos pocos; es una experiencia universal. Este libro está dedicado a cambiar esa perspectiva, brindándote las herramientas para tomar el control de tu tiempo y, con ello, de tu vida. Aquí exploraremos cómo identificar en qué se nos escapan los minutos y cómo maximizar el tiempo que le dedicamos a las áreas más importantes: trabajo, ocio, vida familiar y social, desarrollo profesional y crecimiento personal.

En esta, la segunda parada de la espiral, aprenderemos sobre la gestión del tiempo. Después de haber estudiado como los hábitos, las rutinas y los rituales son la infraestructura que compone nuestros días, exploraremos cómo llenar los espacios en tu día para lograr tus objetivos con éxito. Estas técnicas, combinadas con las que aprendiste en la primera parada de la espiral, te permitirán utilizar tu tiempo de la forma más efectiva posible.

La gestión del tiempo se basa en dos pilares fundamentales: la lista de pendientes y los bloques de tiempo. Cada uno tiene sus ventajas y limitaciones, pero la verdadera magia ocurre cuando ambos se combinan de manera efectiva. Al integrar ambos enfoques, puedes crear un sistema que no solo te ayude a ser productiva, sino que también te permita disfrutar de un sano equilibrio entre todas las facetas de tu vida acertadamente.

La transformación del tiempo

Antes	Después
• Días reactivos controlados por urgencias.	• Días proactivos guiados por prioridades.
• Sensación constante de "nunca es suficiente".	• Claridad y control sobre el uso del tiempo.
• Agotamiento y frustración al final del día.	• Satisfacción y energía sostenible.

¿Estás listo para convertirte en el amo de tu tiempo?

Hábitos

Atención plena

Gestión del tiempo

Productividad

El problema de la falta de tiempo

"Aquello a lo que le dedicas atención definirá para ti qué es la realidad"

Oliver Burkeman[13]

¿Te has detenido alguna vez a pensar en cómo percibes el paso del tiempo? Parece que mientras más ocupados estamos, más rápido se escapa. Los días se convierten en semanas, las semanas en meses, y de pronto nos encontramos mirando hacia atrás con la sensación de que el tiempo se nos ha escurrido entre los dedos. Si constantemente sentimos que "no tenemos tiempo", estamos creando una realidad limitada por nuestras propias percepciones.

Comparación: piensa en dos personas. Una vive su día a día en piloto automático, reaccionando a las demandas externas, siempre corriendo, siempre "apagando incendios". La otra, en cambio, se toma el tiempo para planificar, priorizar y enfocar su energía en lo que realmente importa. ¿Quién crees que tendrá una mayor sensación de control sobre su tiempo?

Lo tradicional vs. lo efectivo:

Tradicional	Efectivo
Llenar el día con actividades sin un propósito claro.	Diseñar un día alineado con tus valores y objetivos.

El tiempo que "vuela" es simplemente una sensación, pero sé lo real que puede parecer. Cuando pasamos todo el día corriendo de una actividad a otra sin parar, a duras penas tenemos la oportunidad de pensar en qué estamos haciendo. Además, la cantidad de responsabilidades que tenemos no nos permite estar presentes en cada momento. Y es precisamente esta sensación de estancamiento, nos explica Claudia Hammond en su libro *Time Warped: Unlocking the Mysteries of Time Perception*, que crea la sensación de aceleración del tiempo. Nuestro cerebro, al procesar información conocida, crea menos recuerdos, lo que comprime nuestra percepción del tiempo. Cuando éramos niños, todo era nuevo y desconocido; cada experiencia era reveladora, lo que hacía que los días parecieran más largos.[14]

La confusión sobre cómo priorizar tareas contribuye enormemente a esta sensación de que el tiempo se nos escapa. Al no tener claro cuáles son nuestras prioridades, caemos en la trampa de atender lo urgente, dejando de lado lo importante. Nos llenamos de tareas sin un propósito claro, y terminamos el día con la sensación de haber hecho mucho, pero sin avanzar en aquello que realmente nos lleva hacia nuestros objetivos personales y profesionales.

Pero hay esperanza. Para contrarrestar esta aceleración de la percepción del tiempo, Hammond sugiere buscar activamente nuevas experiencias y romper con la rutina.[15] David Eagleman, en su libro *The Brain: The Story of You*, también habla sobre cómo podemos ralentizar la sensación del tiempo que vuela cuando fomentamos la conciencia plena. La atención plena (o mindfulness), un tema que abordaremos como último paso en la espiral, nos permite estar completamente presentes en cada momento. Al saborear cada experiencia, expandimos nuestra percepción del tiempo.[16]

Y, por último, diseñar tu día tendrá un gran impacto. Tomar las riendas de tu tiempo para hacer lo más importante para ti, no lo que demanda más insistentemente tu atención, mejorará tu percepción del tiempo. Cada minuto te acercará más a tus metas y cada día será satisfactorio y valioso. Esto es de lo que hablaremos en este capítulo.

Como el río de Heráclito, el tiempo fluye sin pausa. No podemos detenerlo, pero podemos aprender a navegar por sus aguas con destreza. Al igual que un experto navegante, no lucharemos contra la corriente -

aprenderemos a leer sus patrones, a anticipar sus giros, y a usar su fuerza a nuestro favor.

Bienvenido a la segunda parada de la espiral. Este capítulo te proporcionará herramientas para descubrir cómo maximizar el tiempo que les dedicas a las áreas principales de tu vida y encontrar un equilibrio saludable.

Al final, la clave para dejar de sentir que el tiempo se nos escapa es tomar el control de dónde colocamos nuestra atención y cómo priorizamos nuestras actividades. El río del tiempo sigue fluyendo, pero ahora tendrás el mapa y las herramientas para navegar a través de él como un experto.

Herramientas para el dominio del tiempo

Puedes tener un superpoder: la capacidad de hacer que cada minuto valga por dos. Este no es un sueño inalcanzable - es el resultado de dominar las dos armas más poderosas en el arsenal del manejo del tiempo: las listas de tareas pendientes y los bloques de tiempo.

Para entender mejor su importancia, permíteme compartir mi experiencia. Cuando empecé a explorar el tema del tiempo, primero experimenté con llevar control de todo en una lista de tareas pendientes. Recuerdo que compraba un organizador que mostraba cada día de la semana con un color distinto, allí anotaba todo lo que tenía que hacer en la semana. Iba tachando cada ítem que completaba; recuerdo la satisfacción que eso me daba. Al final de la semana, miraba qué tareas no había completado y las anotaba en la hoja de la semana siguiente.

Este tipo de lista permite desglosar todas las tareas necesarias, ya sean grandes o pequeñas, y proporciona una visión clara de lo que tienes que hacer. Mis listas de tareas me ayudaban a liberar mi mente de la necesidad de recordar constantemente los pendientes y para mí eso ya era un gran paso. Este sistema funcionaba, pero no era óptimo, ya que me obligaba a completar tareas sin importar si era el momento adecuado. Requería demasiada disciplina y cuando la lista se volvía muy larga, me frustraba. También era más fácil procrastinar porque si había una tarea que no quería hacer, simplemente la iba tachando de semana a semana sin darme un espacio de tiempo específico en el cual ejecutarla.

Fue entonces que decidí experimentar con los bloques de tiempo y las rutinas. Aprendí a dividir mi día en segmentos dedicados a tareas específicas, adaptadas a mis ritmos naturales. En ese momento, esto se tradujo para mí en: mañanas dedicadas a la creatividad y los proyectos, tardes para concentrarme en reuniones y pendientes, y noches para la relajación y la conexión personal.

El secreto de una productividad excepcional reside en la fusión de estas dos estrategias. Al combinar la estructura de los bloques de tiempo con la flexibilidad de las listas de tareas pendientes, descubrí una sinergia poderosa. Las listas de tareas pendientes ya me resultaban eficaces, pero les hacía falta la planificación que conllevan los bloques de tiempo. El resultado fue increíble: logré potenciar mi día y sacarle el máximo provecho, lo que me permitió alcanzar un nivel de eficiencia que nunca había imaginado.

¿Estás listo para convertirte en una alquimista del tiempo, transformando tus horas en experiencias extraordinarias?

Listas de pendientes: el mapa de tu productividad

Las listas de pendientes y los bloques de tiempo son los pilares sobre los que se apoya la productividad, y la segunda parada en la espiral del tiempo. Dominar estas dos herramientas vitales te permitirá construir una vida plena.

¿Qué es una lista de pendientes?

La lista de pendientes es una herramienta simple, pero eficaz que ayuda a organizar y priorizar tus tareas. David Allen, autor del libro *Getting Things Done* (GTD), popularizó este concepto como una forma de liberar la mente de la opresión de los recuerdos insistentes. Al externalizar nuestras responsabilidades a través de una lista, permitimos que nuestra mente se enfoque en el presente, reduciendo el estrés y aumentando la concentración.

La imposibilidad de recordar todas las tareas que tenemos entre manos es algo sobre lo que hablo mucho con mis equipos de trabajo en Celaque. La velocidad a la que suceden las transacciones en nuestros trabajos actualmente hace imposible que podamos retener todo en nuestra cabeza. Recuerdo el tiempo en que no tenía un sistema eficaz para el manejo de mis tareas y mi pobre mente tenía que estarme recordando continuamente todo lo que se me estaba olvidando hacer. Esta constante lucha conmigo misma era muy desgastante. Solo cuando decidí almacenar todo eso fuera de mi mente logré sentirme liberada. Y hasta el día de hoy, noto lo importante que ha sido esta lección cada vez que se me olvida registrar un pendiente y la tarea ronda por mi cabeza hasta que finalmente la apunto.

La lista de pendientes nos brinda claridad sobre nuestras responsabilidades y nos ofrece un plan concreto para abordar nuestro día de manera efectiva.

Beneficios de una lista de pendientes:

- Mayor productividad: al detallar las acciones necesarias y sus plazos.
- Reducción de la procrastinación: al dividir las tareas complejas en pequeñas gestiones más simples y manejables.
- Claridad mental: al depositar en un sistema externo la carga de tener que recordar todas tus responsabilidades.

Desventajas a considerar:

- Ansiedad: si la lista crece indiscriminadamente o no se establecen prioridades para las tareas.
- Pérdida de motivación: si te sientes agobiado por la cantidad de tareas pendientes.

La clave es tener control sobre la lista y no dejar que ella te controle a ti.

Crea una lista eficaz

El primer paso para llegar a ser amo de tu tiempo es crear una lista de pendientes. Si nunca has hecho una, comienza por plasmar en papel todas las tareas que dan vueltas en tu cabeza; vacíala completamente de ellas. Este simple acto es enormemente liberador: libera a tu cerebro de la carga de recordar constantemente, permitiéndote enfocarte en la acción. Te sorprenderá descubrir la cantidad de "ruido mental" que se esconde en los recovecos de tu mente. Este ejercicio inicial puede parecer pesado, pero cambiará tu vida, así como cambió la mía.

Durante mis estudios de maestría, creé mi primera lista de pendientes "real". Incluía no solo las entregas de clase, sino también compromisos personales y otras responsabilidades. Esta experiencia fue transformadora. Al plasmar cada compromiso en el papel, tomé conciencia de la cantidad de tareas que había estado postergando. Creo que, en mi estrés, yo misma me estaba escondiendo de todo lo que tenía por hacer. Esa experiencia me enseñó una lección invaluable: si quieres concretar tus objetivos, debes nombrarlos y guardarlos.

David Allen, con su método GTD, nos guía en este proceso. Nos invita a registrar cada pensamiento, tarea o compromiso, sin juicios ni filtros, utilizando un sistema eficiente. La meta es vaciar la mente para acceder a un estado de claridad y concentración.

La clave para crear una lista exitosa es registrar cada tarea en el momento en que surge. Nuestro cerebro no está diseñado para almacenar un sinfín de tareas pendientes. Intentar recordarlo todo solo genera ansiedad y estrés. Externalizar tus responsabilidades en el sistema que mejor funcione para ti, ya sea una libreta o una aplicación digital, es la mejor forma de liberar tu mente.[17]

Las listas de tareas no son estáticas, evolucionan al ritmo de tu vida. Al principio, mantener mis listas actualizadas era un desafío. La solución llegó cuando implementé un software de gestión de tareas. Este sistema me permitió registrar cada compromiso y recibir recordatorios en el momento indicado. Aprendí que la constancia es esencial: una lista de tareas pendientes eficaz no solo se crea, sino que se mantiene y se adapta continuamente.

Organiza tu lista de pendientes

Una vez que tengas tu lista, es hora de organizarla para que funcione de acuerdo con tus necesidades y no te domine. Esta etapa puede darte bastante trabajo, también pase por eso. Pero puedes organizarla de tal manera que la lista trabaje para ti, y no al revés. Aquí te dejo algunos principios para organizar con eficacia tu lista de pendientes.

Principios para ordenar una lista infalible

1. Organiza por prioridades. Las acciones prioritarias deben ser las primeras. No todas las tareas son iguales. Las tareas prioritarias son aquellas que tienen un impacto destacado en tu vida o trabajo y las que son esenciales para alcanzar tus metas. Lo ideal es organizar tu lista a última hora para el día siguiente. Si no puedes hacerlo antes, hazlo al comienzo de cada jornada.
2. Pon atención en tareas recurrentes. Las tareas que deben completarse regularmente y de las que dependen otras personas o procesos deben estar justo debajo de las prioritarias. Estas tareas no se pueden posponer, ya que otras personas o procesos dependen de ellas. Asegúrate de darles el lugar que merecen en tu lista.
3. Asigna las tareas al día en que las cumplirás. Este paso es muy importante. No es suficiente tener una lista de pendientes enumerada, como lo hacía yo al principio. Te recomiendo que, al ordenar tu lista, le asignes a cada acción un día en el que planeas completarla. Esto reducirá tu sensación de presión, ya que solo tendrás planificada para cada día la cantidad de trabajo que realmente puedes llevar a cabo.

4. Procesa y elimina lo superfluo. No todas las tareas ameritan que les dediques tiempo y energía. Identifica las que ya no son relevantes y elimínalas. En GTD, después de recopilar, debes analizar cada elemento. Si algo no requiere acción inmediata, puedes guardarlo como referencia, ponerlo en espera, o eliminarlo. Evita almacenar en tu mente estas tareas y no dejes que te distraigan de lo verdaderamente importante. Hay cosas que te encantaría hacer si tuvieras 48 horas en el día, pero que, si eres realista, sabes que no sucederán. Sin culpa, simplemente piensa: "en otra vida lo haré" y táchalas. ¡Libera ese espacio mental!

5. Ajusta en base a la experiencia real. La planificación es una herramienta muy útil, pero la vida a menudo nos sorprende. Si no puedes completar una tarea el día asignado, transfiérela a otro momento adecuado. No sobrecargues tu lista; es mejor tener una lista corta y realista que una interminable que te deje frustrada. La clave está en la flexibilidad, sin nunca perder el compromiso. Y cuando muevas tus tareas, asígnalas a un día en que realmente puedas cumplirlas; no las arrastres simplemente de un día al siguiente.

6. Cumple con lo programado. Trabaja en las tareas según lo planeado para desarrollar la confianza en tu sistema. Cuando confías en tu lista de pendientes, te sientes más en control y menos estresado. Esta confianza te permitirá alcanzar tus metas de forma consistente. David Allen subraya la importancia de actuar en base a nuestras listas, esto fortalecerá nuestro sistema y nos permitirá estar tranquilos sabiendo que nada se nos escapará. Recuerdo una vez escuchar a un CEO decir que si un ítem llegaba a su lista de pendientes, era porque se iba a cumplir 100%. Desarrolla la misma confianza en tu sistema.

7. Aprovecha el tiempo. Utiliza los momentos libres de manera eficaz. No subestimes el poder de los períodos breves de tiempo. Tal vez pienses que quince minutos antes de una reunión no son suficientes para hacer algo productivo, pero estos breves momentos pueden ser ideales para responder correos o completar una tarea

simple. Al irse sumando a lo largo del día, estos períodos cortos pueden tener un impacto considerable.

8. Continúa registrando todo en la lista. Mantener este hábito prevendrá los olvidos y reducirá el estrés. Aunque luego decidas que una tarea no es importante, lo fundamental es incluirla. Confía en tu lista, en ella hay lugar para todo lo necesario y ya no necesitarás preocuparte por recordarlo todo.

Esta metodología hará que tu lista de pendientes sea infalible. No te preocupes si al principio cometes errores. Si utilizas esta guía y te adhieres con constancia a sus preceptos, cada vez obtendrás mejores resultados.[18]

La regla de oro

La ventaja de este método es que las tareas importantes siempre serán ejecutadas. Tal vez no hoy, pero sí en una fecha adecuada. Utilizar una aplicación informática para gestionar tu lista te ayudará a evitar que se te pase alguna tarea, y el sistema te recordará lo que debes hacer cuando sea el momento adecuado. La clave está en la constancia y en confiar en el proceso.

A lo largo del día, las circunstancias pueden cambiar, y al revisar tu lista de pendientes tal vez deberás ajustarla. Habrá interrupciones y emergencias que afectarán tu plan. Si esto sucede, pregúntate nuevamente qué es lo más importante y comienza de nuevo por ahí. Allen sugiere una revisión semanal para limpiar y reorganizar tus listas, asegurándote de que todo esté actualizado. La revisión es fundamental para mantener la integridad del sistema, asegurándonos de que cada tarea esté actualizada y que el plan esté alineado con nuestras metas a largo plazo. Pronto, aprenderás a crear una lista más productiva, ubicando cada ítem en el momento del día más propicio para poder completarlo.[19]

Mantenimiento del sistema:

1. Ritual de domingo
   o Planifica tu semana con calma.
   o Ajusta prioridades según tus niveles de energía.
   o Elimina lo que ya no aplica.

2. Rutina diaria
   o 15 minutos matutinos de organización
   o Ajuste a mediodía si necesario
   o Evaluación nocturna rápida

Con el tiempo, tu agenda se convertirá en una potente herramienta. Al inicio del día, tendrás una idea clara sobre lo que es posible y lo que no, y esto te permitirá ajustar prioridades. De este modo, tendrás más control sobre tus actividades diarias, y tu lista te ayudará a enfocarte en lo que realmente importa. Recuerda, la clave del éxito no es hacer más, sino hacer lo que importa. La constancia y la disciplina harán que tu lista de pendientes pase de ser una simple herramienta a transformarse en un motor capaz de impulsarte hacia tus metas más importantes.

La importancia de priorizar

Es muy fácil dejarse arrastrar por la vorágine del día a día saltando de una tarea a otra como un bombero que apaga incendios sin parar. Los problemas que "gritan más fuerte" reclaman nuestra atención, pero ¿realmente estamos avanzando hacia nuestras metas?

A veces parece que la montaña de tareas crece descontroladamente. En estos momentos, es crucial cuestionar la calidad del trabajo que estamos haciendo. Podemos tachar un sinfín de pendientes en nuestra lista, pero ¿qué hemos logrado en cuanto a nuestros objetivos macro?

Sin un plan claro, ciertas obligaciones que no son prioritarias pueden comenzar a robarnos cada vez más tiempo. Eventualmente, dejamos de hacer lo que realmente necesitamos y deseamos hacer. Nuestras prioridades quedan postergadas, cuando deberían ser lo primero que atendemos en el día.

Con tantas responsabilidades, puede ser difícil dedicarle tiempo a lo esencial. Cuando empecé a escribir mis libros, una vocecita persistente me decía que lo hiciera. Nunca había escrito fuera del ámbito académico y tenía muchas razones para no hacerlo: tres hijas pequeñas, un trabajo de tiempo completo y una empresa nueva en fase de crecimiento. Sin embargo, el deseo de escribir no desaparecía, así que comencé a reservar tiempo para hacerlo, comenzando por períodos breves y ampliándolos gradualmente.

Es probable que tus metas sean distintas a las mías: pasar más tiempo con tu familia, estudiar algo nuevo o iniciar un proyecto. La clave está en hacerte tiempo para ello. Lograr reservar para la escritura esos momentos del día fue un reto para mí, pero me alegro de haberlo hecho. Empezar me permitió dejar de sentirme presionada por el deseo (y la supuesta imposibilidad). ¡Recuerdo que cada palabra que escribía salía con tanta dificultad! Pero logré ir avanzando hasta lograr escribir un libro, y luego otro, y otro, hasta hoy. No fue fácil para mí porque todas las responsabilidades que tenía gritaban más fuerte, pero mi vocecita interna no se equivocó. Escribir le ha dado una dimensión de plenitud a mi vida que nunca imaginé.

La manera de alcanzar este tipo de metas cuando tu agenda está a tope es ser metódico y tener un plan. Priorizar significa elegir con objetivos claros y avanzar hacia lo que es importante para ti. De este modo, al final del día, el mes y el año sabrás que usaste tu energía para algo que verdaderamente tuvo impacto en tu vida.

La clave de las prioridades: analogía del frasco y las piedras

Si deseas llenar un frasco con arena, guijarros y piedras grandes, ¿cuál es la mejor forma de hacerlo? Primero coloca las piedras grandes, luego los guijarros y finalmente la arena. Si empiezas por la arena, el frasco se llenará rápidamente y no habrá espacio para las piedras grandes. La arena, que representa las tareas triviales, puede arruinar hasta las mejores intenciones.

Nuestras prioridades personales y profesionales son las piedras grandes. Estas siempre deben ir primero en la lista. Si surge un cambio, es importante actualizarlas. A nivel empresarial, algunos ejemplos de piedras grandes son asegurar la satisfacción del equipo y los clientes, optimizar operaciones y productos, y lanzar nuevos proyectos alineados con estas prioridades. A nivel personal, nuestras prioridades pueden ser la salud (hacer ejercicio, comer bien y dormir) y nuestras relaciones más importantes, como la familia y los amigos cercanos.

Una vez que las piedras grandes estén en su lugar, es momento de ocuparse de los guijarros. Estas son tareas secundarias relacionadas con tus prioridades, pero con un nivel de urgencia menor, como leer un libro importante o investigar un tema específico. Finalmente, si queda espacio, puedes dedicarle tiempo a la arena, es decir, a las tareas de bajo impacto. Muchas de estas podrían ser eliminadas sin afectar tu productividad.

Organización de prioridades de alto impacto:

Nivel 1: Piedras grandes

- Actividades estratégicas que generan resultados importantes
- Proyectos transformadores
- Decisiones de alto impacto

Nivel 2: Guijarros

- Tareas de mantenimiento necesarias
- Reuniones de coordinación
- Seguimiento de proyectos

Nivel 3: Arena

- Correos electrónicos rutinarios
- Tareas administrativas menores
- Actividades de bajo impacto

La metáfora del frasco y las piedras es útil, pero ¿cómo aplicarla en el día a día? Se trata de aplicar este detallado análisis de prioridades a la hora de organizar tu lista de pendientes.

Desde el punto de vista del ascenso en espiral, este sistema de prioridades eleva al siguiente nivel algo que ya has aprendido: el trabajo con la lista de pendientes. La organización de prioridades de alto impacto profundiza y mejora tu trabajo con la lista de pendientes. Acabas de avanzar hacia la meta un poco más. Estarás haciendo lo mismo, solo que, de una manera más consciente, ordenada, eficaz.

Si te has puesto metas anuales, aprender a priorizar tareas para maximizar el impacto te ayudará a vincular tus actividades diarias con tus objetivos a largo plazo. Al hacerlo, podrás evaluar mejor los resultados y asegurarte de que estás avanzando en la dirección correcta.

Las prioridades son dinámicas y debes adaptarte en base a lo que sucede. Lo más importante del día podría ser descansar para recuperarte de una enfermedad y poder rendir mejor al día siguiente. Definir la acción principal de cada día te permitirá estructurar mejor el resto de tus tareas. Si ocupas un rol de liderazgo, una buena decisión estratégica (piedra grande) puede ser más valiosa que completar múltiples tareas de menor importancia (guijarros).

Una vez que hayas determinado cuáles son las tareas clave de cada día/mes/año, organiza el resto según su nivel de prioridad. Comienza por las de mayor prioridad para asegurarte de lograr completarlas. Evita distracciones y no permitas que lo urgente desplace a lo verdaderamente importante.

Enfócate en las piedras grandes siempre que puedas. Esto mejorará no solo tu productividad, sino que también liberará tiempo para lo que realmente importa: tu crecimiento, tu bienestar y tus relaciones personales.

Utiliza la Matriz Eisenhower

¿Te sientes a menudo agobiado frente a un mar de tareas, sin saber por dónde empezar? La Matriz Eisenhower te ofrece un mapa para navegar con éxito en esas aguas tormentosas y llegar a buen puerto. Este método, legado de Dwight Eisenhower, expresidente de los Estados Unidos, que fuera general en la Segunda Guerra Mundial, fue popularizado más tarde por Stephen Covey. Se trata de una potente herramienta para organizar nuestras listas de pendientes y mejorar la gestión del tiempo.

A continuación, te ofrezco la clave del éxito para el uso de esta herramienta:

1. El mapa completo

La Matriz Eisenhower te ayudará a asignarles grados de urgencia e importancia a todas tus tareas. Lo primero que necesitas es la lista de pendientes que ya has desarrollado, organizada en base a prioridades enfocadas en maximizar el impacto.

2. Delineación del terreno

Una vez que hayas completado tu lista de pendientes, organiza las tareas por categorías. Dibuja una matriz con dos ejes: importancia en el eje vertical y urgencia en el horizontal.

- Eje vertical: importancia. ¿Cuánto contribuye esta tarea a tus objetivos a largo plazo?
- Eje horizontal: urgencia. ¿Qué tan pronto debe completarse esta tarea? ¿Cuáles son las consecuencias de no ejecutarla a tiempo?

Priorizar cuando tienes demasiados pendientes

Una matriz 2x2 para ayudarte a tomar decisiones

	Menos urgente	Más urgente
Más importante	Agenda un horario específico	No hay mejor momento que el presente
Menos importante	Elimina, pospón, o triunfa rápido	Delega o divide y conquista

Fuente: Ellen Auster y Shannon Auster-Weiss[20]

Define cuáles tareas consideras urgentes. También define su nivel de importancia. Por ahora quieres familiarizarte con el terreno y como podría encajar cada una de tus tareas dentro de la matriz.

3. Clasificación del terreno

Clasifica cada tarea en una de estas cuatro categorías:

- Importante y urgente (Hacer): Coloca aquí las tareas de importancia crítica que requieren atención inmediata. ¡Prioridad máxima! Actúa de inmediato para completar estas tareas.
- Importante pero no urgente (Planificar): Acciones estratégicas que merecen un espacio en tu agenda. Define bloques de tiempo para completarlas.
- No importante pero urgente (Delegar): Estas son tareas que pueden ser realizadas por otros. Libera tu tiempo y empodera a tu equipo o complétalas por partes.
- No importante ni urgente (Eliminar): Tareas que consumen tiempo sin generar valor. ¡Deshazte de ellas sin piedad![21]

La Matriz Eisenhower no es solo una herramienta de gestión del tiempo, es un espejo que refleja tus valores y prioridades. Te invita a preguntarte: ¿Qué es lo realmente importante en mi vida? ¿Estoy invirtiendo mi tiempo en aquello que me acerca a mis metas?

Efectivamente, has dado un nuevo paso en la espiral. Ahora no solo cuentas con una lista de tareas pendientes organizada por prioridades en base al impacto; también cuentas con una matriz que te permitirá rápidamente visualizar que debes hacer, de qué te debes deshacer o que debes delegar.

Lo más importante de la Matriz Eisenhower es llegar al punto de pasar la mayoría de tu tiempo en el cuadrante "importante pero no urgente". Aunque siempre surgirán tareas en el Cuadrante 1, "importante y urgente", por lo general, deberías de pasar suficiente tiempo en el 2 para que lleguen muy pocas cosas al 1. Para poder llegar a este nivel, también notarás que adquirirás una gran destreza para distinguir lo esencial de lo que no tiene importancia. De eso se trata la espiral, de avanzar en conocimiento, al mismo tiempo que vas disfrutando de los resultados.

Con el tiempo, asignar grados de urgencia e importancia se volverá intuitivo para ti. Esto facilitará la toma de decisiones y hará de tu lista de pendientes una herramienta de impacto insospechado.

Matriz Eisenhower: ejemplos prácticos por cuadrante

Cuadrante 1: Urgente e Importante

Requieren acción inmediata - "Hazlo ahora"

- Sistema vital de la empresa fuera de servicio
- Empleado clave presenta renuncia inmediata
- Problema de calidad que afecta la seguridad del producto
- Error en planillas de salarios en vísperas del día de pago
- Presentación ante inversionistas en 2 horas y hacen falta datos importantes en el informe

- Crisis de relaciones públicas
- Auditoría sorpresa por parte de entidades gubernamentales
- Falla en el sistema de seguridad

Cuadrante 2: Importante, No urgente

Enfocarse en los resultados - "Asigna un día y horario determinado" – **Aquí es adonde quieres estar la mayoría de tu tiempo**

- Planificación estratégica anual
- Desarrollo de nuevos productos
- Mentoría a empleados clave
- Actualización y capacitación profesional
- Mantenimiento de equipos
- Construcción de relaciones con clientes estratégicos
- Investigación de tendencias del mercado
- Desarrollo de nuevos procesos de optimización
- Creación de plan de sucesión
- Ejercicio y cuidado de la salud

Cuadrante 3: Urgente, No importante

Interrupciones - "Delega cuando sea posible"

- Reuniones sin agenda clara
- Informes de rutina solicitados a última hora
- Solicitudes de "5 minutos" por parte de colegas
- Problemas técnicos menores
- Interrupciones para firma de documentos
- Solicitudes de información urgentes, pero no vitales
- Preparación de presentaciones de rutina

Cuadrante 4: No urgente, No importante

Distracciones y pérdidas de tiempo - "Elimina"

- Chismes de oficina
- Revisar tu correo constantemente
- Reuniones que podrían ser correos electrónicos

- Perfeccionismo en tareas menores
- Organizar archivos sin propósito claro
- Participar en discusiones improductivas
- Rehacer trabajo ya completado por hacerlo más bonito
- Atender interrupciones sin propósito

Haz tiempo para lo realmente importante

A veces, posponemos lo más importante alegando "falta de tiempo". Pero, en realidad, lo que nos falta es priorización. Tuve una experiencia personal que me hizo ver esto con claridad.

Aunque vivo en Honduras, nací en Guatemala. Mi padre era guatemalteco y mi madre hondureña. Se conocieron en el hotel de mi abuelo en Tegucigalpa, donde mi padre, un emprendedor lleno de ideas, estuvo alojado durante un viaje de negocios. Mi madre trabajaba en la recepción y se enamoraron.

Poco tiempo después, se casaron y se mudaron a Guatemala, donde un año después nací yo, seguida de una hermana y luego un hermano. Éramos una familia normal hasta que una tragedia nos golpeó: mi prima, quien también era mi mejor amiga, murió en un accidente aéreo junto con su padre. Unos meses después, cuando yo tenía cinco años, falleció mi padre de un ataque al corazón. Ante la dificultad de criar sola a tres hijos en un país extranjero, mi madre decidió regresar a Tegucigalpa para contar con el apoyo de sus padres.

Nos fuimos de Guatemala y, aunque he ido de visita muchas veces, nunca he vuelto a vivir allí. Sin embargo, Guatemala está siempre presente en mi corazón: mi familia, sus calles, su belleza. Durante años pospuse la gestión de mi cédula de identidad guatemalteca. Siempre estaba "muy ocupada", hasta que un día decidí que ya era momento. Curiosamente, la pandemia me brindó la oportunidad perfecta para romper la rutina, viajar a Guatemala y hacer el trámite.

Obtener mi identificación fue como recuperar una parte de mí misma. Antes de hacer ese viaje, miraba a Guatemala como una extranjera.

Ahora me siento guatemalteca de verdad, y ese documento me dio un renovado sentido de pertenencia.

Me di cuenta de que estaba postergando algo importante para mí por estar atrapada en las urgencias diarias. Incluso cuando ya tenía mi pasaje comprado, casi cancelo el viaje por "falta de tiempo" en el trabajo. Por suerte, recapacité, me subí al avión y tuve una experiencia increíble en Guatemala. Esa identidad es algo que atesoro todos los días.

El ajetreo diario nos absorbe y nos hace olvidar nuestras verdaderas prioridades. A veces, lo más importante ni siquiera está en nuestra lista de pendientes. En mi caso, la tarea más importante era la menos pensada: hacer ese viaje, ver a mi familia y reconectar con mis raíces.

La vida es como un mosaico de momentos, donde cada pieza cuenta una historia única e irrepetible. A veces nos perdemos en el torbellino de las tareas diarias, olvidando que los momentos que le dan sentido a nuestra vida no siempre están en nuestra lista de tareas. Puede tratarse de esa llamada postergada a un ser querido, ese abrazo que no hemos dado, o ese sueño que hemos guardado en el cajón del "algún día".

Cuando nos atrevemos a darle prioridad a lo que verdaderamente importa, descubrimos que el tiempo no es un recurso escaso, sino un aliado que espera ser invertido en lo que nos hace brillar. Así como mi viaje a Guatemala me reconectó con una parte esencial de mi identidad, te invito a que mires tu lista de pendientes con nuevos ojos: ¿Qué tesoro oculto está esperando ser descubierto? ¿Qué conexión vital está aguardando ser fortalecida? La verdadera magia sucede cuando nos permitimos hacer espacio para aquello que hacer que nuestro corazón lata más fuerte. No esperes más: esa asignatura pendiente que has dejado de lado podría ser el inicio de una nueva aventura capaz de transformar tu vida.

La magia de los bloques de tiempo

Si la lista de pendientes es el mapa de tu viaje, los bloques de tiempo son el vehículo que te llevará a tu destino. No se trata solo de *qué* hacer, sino de *cuándo* hacerlo.

¿Qué son exactamente los bloques de tiempo? Son segmentos mágicos marcados en tu agenda, dedicados a distintos tipos de actividades, que te permiten fluir a través del día con intención y eficiencia como si se tratara de una danza perfectamente coreografiada.

Para completar esta parada en la espiral, deberás aprender a dominar los segmentos de tiempo que utilizarás para llegar a tus metas. Tener bloques de tiempo claramente definidos te ayudará a tomar decisiones sobre cuándo hacer determinadas actividades, facilitando la automatización de tareas. Tu mente se liberará de la carga de decidir constantemente, ya que todo sucederá naturalmente como parte de tu rutina, y tu tiempo transcurrirá más fluidamente.

Estos bloques de tiempo son los que incluirás en tu rutina para poder cumplir con todos tus pendientes. Y funcionan como magia: primero, dado que ya sabes en qué vas a trabajar y cuándo, tu horario se vuelve predecible y puedes visualizar tu día en cualquier momento. Esta estrategia también ahorra tiempo, ya que no tendrás que crear un horario diferente cada día. ¡Imagina todo lo que podrás hacer con ese tiempo extra!

Con bloques de tiempo dentro de rutina bien implementada, podrás planificar con mayor facilidad, sabiendo cuáles son los mejores momentos para cada tarea y dejando tiempo libre para lidiar con imprevistos. Además, estos bloques te ayudarán a identificar si tu agenda está llena o si tienes tiempo extra para nuevos proyectos.

Utilizar bloques de tiempo también facilita la integración de tu lista de pendientes de manera más fluida, como piezas de un engranaje que encajan perfectamente, ya que podrás asignarle a cada ítem de tu lista un lugar físico en tu agenda. ¿Te has dado cuenta de que tu energía fluctúa durante el día? Por ejemplo, si tu lista incluye trabajar en un nuevo proyecto, puedes colocar esa tarea en la mañana, cuando estás más fresco y ese tipo de trabajo te resulta más fácil. Las tareas de revisión o las llamadas, por otro lado, puedes dejarlas para las tardes, cuando es más fácil hacer tareas más simples. Así, irás completando tu lista de pendientes según los ritmos de tu día, danzando al compás de tu biorritmo natural y teniendo cada vez más confianza en la viabilidad de completar todos los ítems incluidos.

Un método más limitado, y menos efectivo, de organización del tiempo, se quedaría con la lista de pendientes, la formación de hábitos y rutinas, y ya estaría completo. Pero en la espiral, siempre se puede ir un nivel más arriba. Ahora que ya has dominado el trabajo con prioridades, ponemos la lupa en el tiempo de una manera especial. Ya hemos hablado de cómo hacer que el tiempo rinda, pero los bloques de tiempo, con su magia, harán que asciendas por la espiral casi sin darte cuenta.

Bloques de tiempo

1. Definición básica
   o Los bloques de tiempo son segmentos definidos en tu agenda.
   o Cada bloque tiene un propósito determinado.
   o Funcionan como contenedores de actividades similares.
   o Se ajustan a la fluctuación natural de tus niveles de energía.
2. Principales beneficios
   o Previsibilidad de la rutina diaria.
   o Ahorro de tiempo en planificación.
   o Mayor claridad mental.
   o Reducción del estrés por toma de decisiones.

La estructura de bloques

El método de los bloques de tiempo consiste en dividir tu agenda diaria en segmentos según las actividades que necesitas realizar. El diseño de tu día es tan único como tu huella digital, está moldeado por tus responsabilidades y aspiraciones. Puedes dividir tu día en partes iguales o tener algunos segmentos más largos y otros más cortos. Una vez que has definido los bloques, cada actividad encuentra su momento óptimo, como piezas de un rompecabezas que colocas en su sitio. Experimentar es clave: toma tiempo descubrir qué actividad funciona mejor en qué momento del día.

Tu tiempo es un lienzo en blanco que puede ser pintado en siete capas:

1. Crecimiento personal: Actividades que nutren tu desarrollo emocional e intelectual, tales como la meditación, escribir en tu diario, la lectura, el aprendizaje de nuevas habilidades.
2. Bienestar físico: Actividades que nutren y cuidan tu cuerpo y tu salud. Ejercicio, nutrición consciente, descanso adecuado.
3. Trabajo y productividad: Dedicación al trabajo profesional, desarrollo de proyectos, colaboraciones estratégicas, planificación y gestión de tareas.
4. Tejido social: Dedicado a las relaciones importantes, como familia, amigos, pareja, así como reuniones informales o actividades que fortalezcan tus vínculos personales.
5. Pasatiempos y recreación: Actividades recreativas para enriquecer tu vida, como practicar un pasatiempo, hacer arte, ver películas.
6. Gestión de la vida cotidiana: Tareas domésticas, compras, organización del hogar, gestiones financieras, etc.
7. Tiempo libre y espontáneo: Espacio para actividades no planificadas, momentos de descanso espontáneos o simplemente el arte de no hacer nada.

Reserva tu energía pico para las tareas que definirán tu legado. Como un atleta que guarda su mejor rendimiento para el momento decisivo, las primeras horas del día son tu santuario creativo. Mi periodo más productivo es la mañana, cuando mi mente está fresca, como una página en blanco. Cada mañana es una nueva oportunidad para construir tu obra maestra, ladrillo a ladrillo, palabra a palabra, idea a idea. Tus proyectos más importantes merecen la mejor versión de ti.

Comienza a utilizar los bloques de tiempo

Si nunca has usado los bloques de tiempo, empieza poco a poco. Un cambio radical en tus hábitos puede ser desgastante y contraproducente. ¿Ya tienes un sistema? Excelente: mapea tus bloques de tiempo actuales y analiza cómo están funcionando. También puedes empezar de cero y diseñar cómo te gustaría que fuera tu tiempo.

La ruta hacia tu dominio del tiempo se desarrolla en cuatro fases:

1. Fase de exploración: Durante 14 días, observa cómo distribuyes tu tiempo sin hacer cambios. Lleva un registro de tus actividades diarias, incluyendo el tiempo que le dedicas a trabajar, descansar y realizar actividades personales. Como si fueras un investigador científico, busca identificar patrones en tus niveles de energía y productividad.

2. Fase de revelación: ¿Cuándo eres más eficiente? ¿En qué momentos te sientes cansado? ¿Qué actividades ocupan más tiempo del que deberían? Esto te permitirá diseñar bloques de tiempo que respeten tu propio ritmo natural, ayudándote a ser más eficiente sin sentir que estás luchando contra el reloj.
   - Celebra tus éxitos. Respeta las rutinas arraigadas y productivas, como dedicarle un bloque de tiempo en la mañana al bienestar físico y mental. Si son pilares de tu productividad, mantenlas.
   - Identifica las brechas. Por ejemplo, si no encuentras espacio para desarrollar una nueva idea de negocio, no te preocupes - puedes suplir esa necesidad asignándole un bloque específico.

3. Fase de arquitectura: Diseña bloques amplios para actividades vitales como el trabajo, el descanso y las relaciones personales. Empieza por incorporar los bloques básicos, especialmente los relacionados con el bienestar físico. Estos componentes nos dan la energía necesaria para nuestras actividades. Luego, asigna espacios más pequeños a tareas secundarias.

4. Fase de perfeccionamiento: Ajusta la duración y el momento de cada bloque en base en tu experiencia.

Cada día es un laboratorio de implementación, evalúa qué funciona y qué requiere ajustes. Tal vez descubras que un bloque de trabajo más corto mejora tu nivel de concentración o que necesitas más tiempo para el descanso.

Recuerda que la arquitectura de tu tiempo es un viaje para crear un sistema que evolucionará contigo y tus aspiraciones. La clave es mantener una actitud abierta a la experimentación y la adaptabilidad.

Cambios graduales

Antes de añadir actividades, te recomiendo optimizar tu agenda diaria actual. La clave es reestructurarla en bloques de tiempo más ordenados y eficientes basados en tu rutina. No intentes cambiarlo todo de golpe; mueve un bloque a la vez.

Puedes comenzar por pequeñas modificaciones, como desplazar un bloque de 30 minutos a otra hora del día. Esto te permitirá observar cómo se adapta tu rutina y si el nuevo horario realmente mejora tu productividad. Recuerda: la clave es experimentar gradualmente, sin realizar cambios desproporcionados que puedan afectar tu rendimiento o bienestar.

Para minimizar el impacto de estos ajustes, aprovecha los períodos de menor carga de trabajo. De esta manera, podrás evaluar el rendimiento de los cambios sin presión adicional. Observarás que distintos bloques son más productivos en distintos momentos, ya sea por tu nivel de energía o por el tipo de tareas que realizas. Es fundamental que lleves un registro de estos cambios para identificar patrones y mejorar tu gestión del tiempo de forma continua.

Mis bloques han evolucionado tanto como ha cambiado mi vida. Al principio de mi trabajo en Celaque tenía mucho trabajo individual: proyectos que yo me asignaba para invertir en el crecimiento de la joven compañía. Como no tenía tantas personas en mi equipo de trabajo, era mi responsabilidad investigar nuevos softwares para la empresa, por ejemplo, y después probarlos para implementarlos. Como este trabajo me requería mucha concentración, los colocaba en bloques de tiempo en la mañana.

Hoy en día, mi enfoque ha cambiado. Mi trabajo más profundo consiste en reunirme con los líderes de los diferentes equipos para capacitarlos o implementar nuevos proyectos. Estas reuniones requieren mucha de mi energía y, por eso, ahora les dedico mis mañanas, cuando estoy más fresca. Cada una de estas integraciones de bloques de tiempos en mi rutina diaria requirió experimentación, no es automático: esto es muy normal.

Una vez que hayas encontrado el uso ideal para un bloque de tiempo, pasa al siguiente, repitiendo el proceso. Con la práctica, esta reorganización se volverá más intuitiva y eficiente. Con el tiempo, tu agenda diaria y semanal estará tan bien estructurada que no necesitarás hacer cambios con frecuencia. Sin embargo, es importante tener presente que la gestión del tiempo es un proceso dinámico: lo que funciona hoy podría requerir ajustes en el futuro.

Al modificar las actividades dentro de tu agenda, es clave mantener una actitud flexible. Introducir nuevos hábitos requiere energía y esfuerzo, por lo que es importante encontrar la combinación adecuada. El secreto está en encontrar tu propio ritmo. Ten en cuenta que personalizar tu agenda puede tomar meses, ya que cambiar una rutina arraigada no es fácil. Y la verdad es que debería de evolucionar constantemente con tu vida.

También es necesario ir despacio al aumentar el tiempo que le dedicas a una actividad. Si tu objetivo es escribir más, por ejemplo, comienza por hacerlo durante tan solo 15 minutos al día. A medida que este hábito se fortalezca, podrás aumentar progresivamente el tiempo de forma gradual y sostenible. Quizás al hacerlo acabarás por terminar un libro y algún día, seré yo la que estará leyendo un libro escrito por ti. Y es que, si hay algo constante en la espiral es el crecimiento gradual. Cada una de estas estrategias, te llevará, casi imperceptiblemente, más alto.

Consejos para una transición fluida:

- Comienza por ajustes pequeños: Mueve bloques de tiempo de forma gradual.
- Implementa cambios en períodos de menor carga de trabajo: Tendrás más flexibilidad para experimentar.
- Lleva un registro de tus ajustes: Identifica patrones y optimiza tu tiempo en base a tus observaciones.

El arte de la autodisciplina

El tiempo, al igual que el agua, fluye incesantemente ocupando cada espacio disponible en nuestras vidas. Si no ponemos límites claros, el trabajo y las obligaciones personales se expandirán hasta invadir nuestros fines de semana, noches y momentos de descanso.

Aquí es donde la autodisciplina se convierte en un pilar esencial. No es coincidencia que las personas más exitosas sean aquellas que hacen el trabajo que los demás evitan, incluso cuando la motivación es baja. Esta capacidad de actuar a pesar de la resistencia inicial marca la diferencia entre progresar y quedarse estancado.

Para generar cambios de impacto en nuestra rutina, necesitamos más que buenas intenciones: es necesario estructurar el cambio de manera deliberada. La estrategia más segura consiste en asignar un horario determinado para cada actividad y tratar estos espacios como compromisos ineludibles.

Cuando llega ese horario sagrado, la regla es simple pero inflexible: concentración absoluta en la tarea designada, sin excepciones ni distracciones. Puede parecer un método rígido, pero es precisamente esa firmeza lo que lo hace efectivo.

Los resultados de este nivel de disciplina son dobles: por un lado, alcanzamos nuestros objetivos directos; por otro, atraemos oportunidades inesperadas. Cuando nos convertimos en personas confiables que obtienen resultados de manera consistente, las puertas comienzan a abrirse por sí solas. La empresa que es constante en sus operaciones es aquella en la que otros depositan su confianza, y lo mismo se aplica a nivel individual.

El camino de la autodisciplina no es fácil. Al inicio, la resistencia y el desánimo estarán presentes. Pero con el tiempo, la sumatoria de cada pequeño esfuerzo que hagamos nos ayudará a construir una versión más dinámica y resiliente de nosotros mismos.

La clave está en comenzar por pasos pequeños pero firmes, incrementando gradualmente el alcance de nuestros compromisos según vayamos ganando confianza. Como un músculo que se fortalece con el ejercicio constante, nuestra capacidad de autodisciplina crece con cada desafío superado.

Recuerda:

- La autodisciplina se fortalece con la práctica. Cada esfuerzo, por más pequeño que sea, cuenta.
- Los beneficios de la autodisciplina son acumulativos. Con el tiempo, verás cómo tus hábitos se transforman y tus metas se materializan.

Al final, todo el esfuerzo invertido en cultivar la autodisciplina rinde sus frutos. No solo en forma de logros tangibles, sino en la transformación fundamental de quiénes somos y de lo que somos capaces de lograr. En el camino hacia la excelencia profesional, la autodisciplina no es solo una herramienta: es el puente que conecta nuestras aspiraciones con la realidad.

La fusión perfecta: listas y bloques

Para optimizar la gestión del tiempo, es crucial aprender a integrar la lista de pendientes con los bloques de tiempo. La lista de pendientes organiza las tareas y te permite visualizar todas tus responsabilidades en un solo lugar, mientras que los bloques de tiempo reservan franjas específicas del día para trabajar en ellas. Al combinar ambas herramientas, no solo decides qué hacer, sino también cuándo y cómo hacerlo, lo que genera un mayor sentido de control y evita que las tareas se acumulen sin acción concreta.

Este es un punto crucial de la espiral ascendente en la que te encuentras. Cuando logres maximizar el potencial de combinar estas dos herramientas esenciales, tu ascenso se volverá imparable.

¿Cómo funciona esta sinergia?

1. Claridad y organización: Comienza con una lista de pendientes clara, concisa y ordenada por prioridades. Identifica las "piedras grandes", aquellas tareas esenciales que te acercarán a tus objetivos.
2. Asignación estratégica: Integra tu lista con bloques de tiempo, asignando cada tarea a un momento específico de tu día/semana/mes según su importancia y complejidad, tomando en cuenta los ritmos de tu trabajo, tu biorritmo y tus momentos de mayor y menor productividad y concentración. Este paso evita la procrastinación y distribuye tu carga de trabajo de manera conveniente.
3. Ejecución consciente: Al ocuparte de un bloque de tiempo dedicado a una tarea determinada, elimina distracciones y concéntrate al 100%. Practica la autodisciplina. Este enfoque intensivo impulsa tu productividad y te ayuda a completar tareas con mayor eficiencia.

Finalmente, potencia tu destreza en la gestión del tiempo, organizando tus bloques de tiempo en rutinas. Recordando la primera parada de la espiral del tiempo, aplica el poder de las rutinas y los rituales a los bloques de tiempo. Funciona así: organizas tus pendientes por prioridades y tipos de tareas que después colocas en bloques de tiempo estratégicos. Estos se convierten en tus rutinas semanales, mensuales y anuales.

Ya has pasado por aquí, ¿verdad? No te preocupes, sigues ascendiendo. Es momento de que sigas explorando el poder insoslayable de la sinergia entre la formación de rutinas, reforzadas por hábitos y rituales, y las listas de pendientes asignadas por bloques de tiempo. La combinación de estas dos paradas de la espiral te llevarán a tomar las acciones consistentes que inevitablemente te transportarán a tus metas.

Camino al éxito

| Pendientes | Bloques | Rutina | Meta |

Ejemplo: antes y después.

- Antes: Te sientes abrumado por una lista interminable de tareas, sin saber por dónde empezar ni cómo distribuir tu tiempo.

- Después: Al combinar la lista con bloques de tiempo y rutinas, el tiempo se vuelve tu superpoder que te impulsa por la autopista veloz de la espiral.

Optimización del tiempo

La optimización del tiempo es una de las habilidades más valiosas que puedes desarrollar. A medida que aprendes a gestionarlo cada vez mejor, descubrirás que la clave está en identificar con precisión cómo lo estás utilizando. Añadir una tarea más a tu día, que ya está bastante ocupado, pueda parecer contraproducente. Pero te aseguro que esta inversión inicial aumentará tu productividad. Solo con datos precisos podrás detectar qué áreas de tu rutina son efectivas y cuáles necesitan ajustes.

La tecnología moderna ha revolucionado la forma en que podemos rastrear y optimizar nuestro tiempo. Aunque los métodos tradicionales, como anotar qué tareas debemos realizar en una libreta o mapear la semana en calendarios, siguen siendo útiles, las aplicaciones digitales ofrecen un análisis más detallado y revelador.

Un caso real

Mi propia revelación llegó hace algunos años, cuando me di cuenta de que mis días se esfumaban sin dejar rastro tangible. La solución vino en forma de una aplicación de seguimiento del tiempo, donde clasifiqué mis actividades principales: ventas, mercadeo y contabilidad. El proceso era simple, pero efectivo: cada vez que iniciaba una nueva tarea, la asignaba a una categoría y dejaba que la aplicación registrara el tiempo invertido.

Cuando utilizas una aplicación de este tipo, la calidad de los datos que ingresas es clave. Asegúrate de actualizar las categorías en tiempo real cuando cambies de actividad. Al final del día, las gráficas revelarán patrones sorprendentes sobre tu uso del tiempo. Para mí, esta información fue invaluable, ya que descubrió grandes desequilibrios en mi distribución del tiempo que antes no había notado.

El valor del monitoreo se hace evidente cuando analizas tu tiempo a lo largo de varias semanas. Los patrones emergen con claridad, y es normal descubrir, como me ocurrió a mí, que una sola categoría puede estar consumiendo la mayor parte de tu tiempo. En mi caso, el área de ventas se había convertido en un auténtico agujero negro.

Al analizar en profundidad los datos, descubrí que el problema no era el área de ventas en sí, sino cómo distribuía mi tiempo dentro de ella. Al añadir subcategorías específicas, como reuniones y análisis, identifiqué que pasaba demasiado tiempo en reuniones presenciales con mi equipo, microgestionando procesos que podían automatizarse.

En lugar de culparme a mí misma, opté por examinar las raíces del problema. Descubrí que la falta de información actualizada sobre precios y disponibilidad de unidades era la verdadera culpable. La solución fue establecer un proceso de revisión mensual de estos elementos, adaptado a nuestro negocio inmobiliario. Este nuevo sistema eliminó innumerables interrupciones diarias y reuniones innecesarias.

Cuando encuentres algo que consume una cantidad desproporcionada de tiempo, investiga el porqué. No te conformes con identificar que el problema son las reuniones - descubre qué las hace necesarias y cómo podrías optimizarlas o eliminarlas. Una vez identificada la causa, puedes diseñar soluciones prácticas y sostenibles. Incluso los cambios pequeños pueden generar un gran impacto. Cada minuto recuperado y reinvertido en tareas estratégicas mejora no solo tu productividad personal, sino también la eficacia de todo tu equipo.

Te animo a experimentar con diferentes herramientas de seguimiento del tiempo y a analizar los datos de forma regular. Busca patrones, identi´ca áreas en las que se puede mejorar e implementa soluciones creativas.

Recuerda:

- La optimización del tiempo es un proceso continuo de aprendizaje y adaptación.
- No te conformes con identi´car los problemas, busca las causas y encuentra soluciones e´caces.
- Celebra tus logros y reconoce el progreso que has realizado en tu camino hacia el dominio del tiempo.

Es importante recordar que las responsabilidades no son estáticas. Reevalúa tu uso del tiempo a intervalos regulares para detectar nuevos elementos que puedan estar consumiendo tus horas. Este hábito te permitirá ajustar tu rutina continuamente y evaluar tus avances.

Mantente atento a los cambios sutiles que gradualmente alteran tu gestión del tiempo. Si estás preparado para hacer los ajustes necesarios, lograrás mantener el control de tus horas. El resultado final es liberador: nunca más te preguntarás dónde se fue tu día.

Flujos y ritmos: la danza del tiempo

Imagina un río que fluye hacia el mar. A veces serpentea con calma, otras veces se precipita con fuerza. Así es el ritmo del tiempo: una danza constante entre la calma y la intensidad, el control y la flexibilidad.

Nuestras rutinas no existen en el vacío. Se mueven y transforman al compás de factores macro que marcan diferentes etapas en nuestra vida profesional. Al inicio de nuestra carrera, el ritmo se acelera naturalmente, impulsado por la urgencia de construir cimientos sólidos para el futuro. Cuando alcanzamos cierta estabilidad, el tempo cambia, adoptando un modo de mantenimiento más sostenible para preservar lo construido. Sin embargo, este ritmo no es definitivo - puede acelerarse nuevamente según las circunstancias lo requieran.

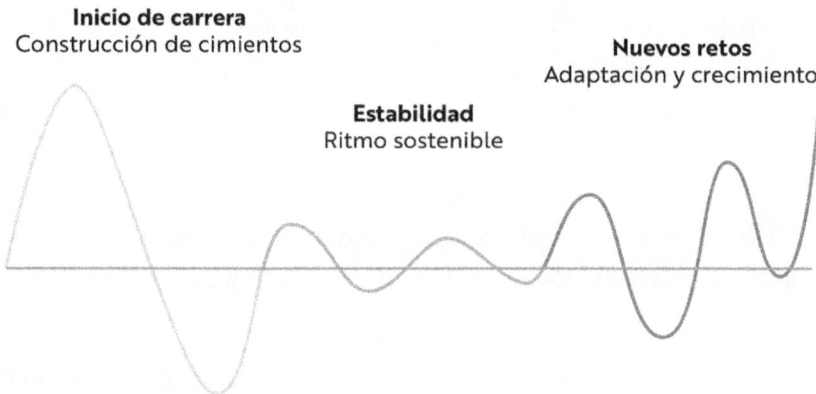

Inicio de carrera
Construcción de cimientos

Estabilidad
Ritmo sostenible

Nuevos retos
Adaptación y crecimiento

Los proyectos también tienen sus propios ciclos rítmicos:

- Fase inicial: Energía creativa e intensidad.
- Desarrollo: Ritmo más estable y concentrado.

En mi experiencia como auditora en EY en Nueva York, ciertos períodos del año exigían un ritmo de trabajo muy intenso, completamente
distinto al resto del ciclo anual, que era más estable. Es esta danza
constante entre diferentes ritmos la que moldea la evolución de nuestras rutinas y horarios.

Una vez que comprendas las tendencias generales en tu uso del
tiempo, podrás diseñar tu agenda diaria en sintonía con estos ritmos
naturales. Entender los ritmos de mi tiempo como auditora me ayu-
daba a estructurar mi agenda anual. Sabía que, durante la época alta
(el primer trimestre del año) debía de estar enfocada en sacar informes finales. El resto del año lo utilizábamos para pruebas de contro-
les, planificar y capacitaciones. Durante períodos de mayor estabilidad, puedes estructurar tu agenda con precisión, permitiendo que la
creatividad florezca dentro de límites bien definidos. Por otro lado,
cuando las exigencias externas aumentan, la flexibilidad se convierte
en tu mejor aliada, permitiéndote mantener un progreso sostenido sin
sentirte agobiado.

Mi experiencia personal en la gestión de Celaque ilustra perfectamente esta dinámica. Hay momentos en que me dedico a desarrollar
nuevas iniciativas y otros en que me toca optimizar operaciones. En
los períodos en que tengo mayor control sobre mi tiempo, me reúno
con nuestro equipo para ir implementando nuevos proyectos o enfo-
carme en mejorar nuestra estrategia. Sin embargo, cuando las exigencias externas aumentan, adopto un enfoque más fluido, priorizando el
trabajo operativo y colocando el creativo solo en los espacios disponibles.

Te invito a observar tus propios ritmos naturales y a experimentar con
diferentes configuraciones de bloques de tiempo.

- Ajusta tu agenda según tus necesidades y las exigencias del momento.
- Busca la armonía entre tus objetivos y el flujo natural de tu vida.

La clave está en la experimentación continua con diferentes configuraciones de bloques de tiempo. Tu agenda no debe ser un documento estático, sino un organismo vivo que evoluciona constantemente. Ajusta y depura según los resultados, buscando siempre esa armonía perfecta entre tus objetivos y el ritmo natural de tu vida. La flexibilidad, combinada con una observación atenta, te permitirá optimizar continuamente la distribución de tu tiempo.

El arte de fluir con el tiempo

El viaje que hemos emprendido a lo largo de estas páginas nos ha llevado desde los fundamentos básicos del manejo del tiempo hasta las sutilezas del equilibrio. Como vimos al inicio, el tiempo es el único recurso verdaderamente democrático: todos tenemos las mismas 24 horas diarias. Sin embargo, es la manera en que las utilizamos lo que diferencia a una vida de reactividad de una de propósito consciente.

En el corazón del dominio eficaz del tiempo se encuentran dos herramientas esenciales: las listas de pendientes y los bloques de tiempo. La lista de pendientes es más que un simple inventario de tareas; es un mapa mental que libera nuestra mente del peso de tener que recordar. Esto nos permite enfocarnos en la ejecución y dar el primer paso para transformar nuestras aspiraciones en realidad.

Los bloques de tiempo son el puente entre la intención y la acción. Organizar nuestra agenda en bloques asignados a diferentes tipos de actividades nos permite alcanzar metas concretas. Esta estructura no es una camisa de fuerza, sino un marco que, paradójicamente, nos da más libertad a través de la disciplina. Al saber exactamente cuándo nos ocuparemos de cada tarea prioritaria, nuestras decisiones se simplifican, nuestras rutinas fluyen y nuestros días se vuelven más predecibles.

La verdadera magia ocurre cuando alineamos nuestros bloques de tiempo más productivos con nuestras tareas más importantes y creamos rutinas. No todas las actividades tienen el mismo valor, ni todos los momentos del día son igualmente productivos. Cuando sincronizamos estas variables, nuestro sistema de trabajo empieza a impulsarnos de manera natural hacia nuestros objetivos más intrépidos.

Al ejecutar acciones consistentes en espacios programados en tu agenda, *inevitablemente* conseguirás los resultados que buscas. La constancia en la ejecución es lo que separa a los sueños de los logros. Una agenda bien estructurada y respetada día tras día se convierte en un motor imparable.

No se trata solo de hacer más en menos tiempo, sino de vivir cada momento con mayor consciencia de su propósito. El manejo del tiempo no se basa en llenar la agenda de actividades, sino de crear espacios para lo que verdaderamente importa. Al final del día, cada decisión sobre nuestro tiempo es una decisión sobre quiénes queremos ser y qué vida queremos construir.

Recuerda:

- El tiempo es un regalo precioso. No lo desperdicies en actividades que no te aportan valor.
- Cada decisión sobre cómo usar tu tiempo es una decisión sobre cómo vivir tu vida.
- No busques la perfección, busca el progreso consciente.

Cada día nos ofrece 86,400 segundos de oportunidad para acercarnos a nuestra visión de una vida bien vivida. La pregunta no es si tenemos suficiente tiempo, sino cómo elegimos utilizarlo.

El tiempo seguirá fluyendo, los niños seguirán creciendo, y los años seguirán pasando. Pero con las herramientas, el equilibrio y la sabiduría que hemos explorado en estas páginas, podemos asegurarnos de que cada momento cuente, que cada día tenga propósito y que, al final del camino, podamos mirar atrás con la satisfacción de haber vivido una vida no solo plena y productiva, sino también cargada de sentido.

TERCERA PARADA:
La verdadera productividad

Nunca es demasiado tarde para ser lo que podrías haber sido.

George Eliot (Mary Ann Evans)

Imagina despertar cada mañana sabiendo exactamente qué necesitas hacer y, lo que es más importante aún, por qué lo estás haciendo. Imagina terminar cada día con la satisfacción de haber avanzado decididamente hacia tus principales metas, no solo de haber estado "ocupado".

La respuesta está en la productividad, pero no de la forma que conoces.

Olvida las aplicaciones de productividad que prometen milagros y la presión constante por lograr más y más y más. La verdadera productividad no consiste en aumentar la cantidad de tareas que ejecutas - se trata de hacer lo que importa. La tercera parada de la espiral te mostrará un nuevo camino: allí lograrás más haciendo menos, la eficiencia reemplazará al agotamiento y obtendrás resultados impactantes implementando sistemas simples.

Permíteme compartir una historia que te ayudará a entender este nuevo concepto de productividad. Lila y Sofi son dos analistas financieras que trabajan en el mismo banco y tienen conocimientos y experiencias similares. Ambas deben preparar un informe trimestral muy importante. Lila lo completa en dos horas y produce un análisis excepcional. Sofi pasa todo el día en ello y entrega un trabajo similar. ¿Cuál es la diferencia? No está en su talento o suerte - está en sus sistemas de trabajo.

La productividad real no se trata de cuántas horas trabajas. Va mucho más allá de este tipo de métricas superficiales. Se trata de la capacidad de generar resultados decisivos optimizando los recursos disponibles, especialmente tu tiempo y energía.

Como señala Robert C. Pozen, autor de *Extreme Productivity*, el tiempo invertido en una tarea es irrelevante; lo que importa son los resultados.[22] Esta verdad fundamental revolucionará tu forma de trabajar.

Hasta ahora has atravesado dos aprendizajes fundamentales para el éxito dentro de la espiral del crecimiento: las rutinas y los sistemas de gestión de tiempo. Y ellos te han traído hasta esta tercera parada: la productividad.

1. Tus rutinas
   o Son el esqueleto de tu día.
   o Automatizan las decisiones diarias.
   o Desarrollan impulsos instantáneos.
2. Tu sistema de manejo de tiempo
   o Organiza y prioriza tus acciones.
   o Maximiza tu energía y concentración.
   o Alinea tus acciones con los ritmos de tu día.
3. Tu nivel de productividad
   o Es el multiplicador de tus esfuerzos.
   o Transforma el esfuerzo en resultados.
   o Convierte lo ordinario en extraordinario.

Como puedes observar en este esquema, incorporar nuevas herramientas en el área de la productividad profundizará el impacto de lo que has aprendido en las paradas anteriores en la espiral ascendente.

La productividad se refiere a la capacidad de realizar tareas de manera efectiva, utilizando la menor cantidad posible de recursos, tiempo y esfuerzo. Es el resultado de maximizar el rendimiento personal y profesional priorizando la calidad y el resultado de las actividades, más allá del esfuerzo empleado.

A nivel individual, la productividad implica trabajar de manera más inteligente en lugar de simplemente trabajar más horas. ¿Por qué es esto fundamental? Cuando eres productivo, optimizas el uso de tu tiempo y liberas horas para otras actividades importantes.

Existe una trampa sutil pero peligrosa en el mundo profesional moderno: la confusión entre estar ocupado y ser productivo.

Imagina dos ejecutivos:

- Juan pasa 12 horas en la oficina, constantemente en reuniones, respondiendo correos electrónicos y "apagando incendios".

- Felipe trabaja 6 horas muy concentrado, completando proyectos clave y generando resultados medibles.

¿Quién es más productivo? Veamos la diferencia:

Estar constantemente ocupado:

- Es la ilusión de productividad.
- Se mide en horas trabajadas.
- Genera agotamiento.
- Se enfoca en "estar haciendo algo".
- Resultado: Mucho movimiento, poco avance.

Productividad real:

- Es la esencia del logro.
- Se mide en resultados alcanzados.
- Genera energía.
- Se enfoca en "lograr algo importante".
- Resultado: Movimiento con propósito y dirección.

En los próximos capítulos, exploraremos estrategias prácticas, sistemas de éxito comprobado y potentes herramientas que transformarán tu forma de trabajar. Pero recuerda: la productividad no es un destino, es un camino de evolución constante. Cada día es una oportunidad para mejorar, para refinar tus métodos y acercarte un paso más a tu máximo potencial.

La verdadera productividad está a tu alcance. ¿Estás listo para descubrirla?

Hábitos

Atención
plena

Gestión
del
tiempo

Productividad

Técnicas avanzadas de productividad

En el camino hacia la excelencia en la productividad, hay un punto crucial en donde las técnicas básicas ya no alcanzan. Es entonces cuando necesitamos dar el siguiente paso y recurrir a estrategias más sofisticadas que nos permitan potenciar nuestro rendimiento al máximo. Las técnicas que exploraremos a continuación corresponden a ese salto cualitativo que marca la diferencia entre una productividad promedio y una verdaderamente extraordinaria.

Estas herramientas no son simples trucos o atajos; son altamente efectivas y están basadas en años de prueba y error. He seleccionado cada una de ellas por su capacidad para crear cambios profundos y duraderos. Desde el principio OHIO (Only Handle It Once) hasta la optimización, cada técnica está diseñada para abordar un aspecto específico de la productividad.

Lo que hace especialmente potente a este conjunto de herramientas es su naturaleza sinérgica. Mientras que el orden físico y digital establecen las bases para un ambiente de trabajo óptimo, la concentración y la simplificación nos permiten maximizar nuestra energía mental. La optimización, por su parte, nos ayuda a refinar constantemente nuestros procesos, creando un ciclo de perfeccionamiento continuo que se retroalimenta positivamente.

Como verás en las siguientes páginas, estas técnicas no solo te ayudarán a hacer más en menos tiempo, sino que transformarán fundamentalmente tu relación con el trabajo y el tiempo. Te proporcionarán un marco de referencia sólido para usar tu tiempo como nunca lo has hecho y convertirte en un ninja de la productividad.

1. El poder de la concentración

En el corazón de toda pérdida de productividad yace un enemigo silencioso: las distracciones. Lo descubrí por las malas, y probablemente tú también lo has experimentado: cada notificación en el teléfono es como un mini ladrón de tiempo que te roba minutos preciosos de concentración. Cada 'ping' de tu celular no solo interrumpe tu trabajo, sino que descarrila completamente tu tren de pensamiento.

El ciclo de la distracción es como un juego de dominó tóxico:

1. Comienzas a responder un correo electrónico importante.
2. Suena el teléfono - primera ficha que cae.
3. Durante la llamada, recuerdas un informe pendiente - segunda ficha.
4. Abres el archivo del informe, pero no lo terminas - tercera ficha.
5. Llegas tarde a una reunión preprogramada - todas las fichas han caído.

Este patrón no solo es agotador; es tremendamente ineficiente. Un estudio realizado por Mark, González y Harris (2005) demuestra que cada interrupción puede llevar a una pérdida considerable de tiempo, ya que, en promedio, se requieren alrededor de 23 minutos para volver al nivel de concentración previo a la interrupción.[23] Multiplica esto por las docenas de cambios de tarea que hacemos cada día, y tendrás una imagen clara de por qué te sientes agotado al final de la jornada. Y no solo eso, en un estudio titulado *El costo del trabajo interrumpido*, Gloria Mark y otros dos investigadores revelaron que los estudiantes universitarios pasan un promedio de solo 11 minutos en una tarea antes de ser interrumpidos.[24]

Lo más alarmante es el efecto acumulativo de estas interrupciones. Cuando sumamos el tiempo perdido en la interrupción inicial, el período de recuperación, y la energía mental desperdiciada en el proceso de cambio de contexto, nos encontramos con que las personas pueden perder horas cada día lidiando con interrupciones. Este tiempo perdido no solo afecta nuestra productividad, sino que también tiene un impacto considerable en nuestra salud mental y nuestros niveles de estrés.

Una solución que muchos adoptamos es realizar varias tareas simultáneamente, lo que en inglés se llama "multitasking" (multitarea). Como muchos profesionales modernos, yo misma solía enorgullecerme de tener esta capacidad. Quizás tú también te consideras diestro en este tipo de dinámica: responder mensajes al instante, atender cada notificación, y mantener la puerta siempre abierta para consultas. Pero según la ciencia, no hay nada de qué enorgullecerse.

Un importante estudio publicado en el *Journal of Experimental Psychology* y firmado por Monsell y Driver (2000) reveló que lo que llamamos "multitarea" es, en realidad, un mito muy perjudicial: "El cerebro humano no realiza realmente múltiples tareas simultáneas, sino que alterna rápidamente entre ellas, pagando un costo cognitivo considerable en cada cambio".

La solución no es eliminar todas las interrupciones —algo prácticamente imposible en el entorno laboral moderno— o hacer malabares para lidiar con todo lo que tenemos entre manos al mismo tiempo,

97

sino desarrollar sistemas y estrategias para manejar esas interrupciones de manera más eficaz.

Escudo antidistracciones en acción

Todo comienza por desarrollar el nivel de concentración necesario para no convertirte en presa de los patrones de distracción. En un mundo lleno de estímulos que compiten por nuestra atención, ¿cómo podemos eliminar las distracciones? ¿Cómo enfocarnos en una tarea a la vez? La clave reside en dos estrategias principales: primero, impidiendo que las distracciones entren en tu vida y, segundo, creando espacios para la concentración plena.

Identifiquemos al enemigo: existen distracciones personales y distracciones que vienen de los demás. En mi caso, la transformación comenzó con una decisión radical, y te invito a considerarla: les dije "no" a todas las notificaciones. Si, leíste bien, ¡a todas! Cada vez que instalaba una nueva aplicación y aparecía el ubicuo mensaje preguntando si quería permitir notificaciones, mi respuesta era siempre "no". Mantuve solo lo esencial: calendario, alarmas y llamadas telefónicas. El resultado fue inmediato y sorprendente, experimenté una liberación digital.

Pero el verdadero cambio llegará cuando establezcas reglas claras de comunicación con tu equipo. Personalmente, creé un sistema de tres niveles que quizás puedas aplicar en tu propio contexto: para el trabajo operativo normal, usamos nuestro software de gestión; para asuntos del día, utilizamos mensajes de texto; y para verdaderas urgencias, llamadas telefónicas. De esta forma, las reuniones improvisadas pasaron a ser encuentros programados, convirtiendo las interrupciones caóticas en interacciones productivas.

Para las comunicaciones digitales, puedes implementar la "regla de los tres niveles":

- Nivel 1: Asuntos que pueden esperar 24 horas (sistema de comunicación empresarial).

- Nivel 2: Temas que necesitan respuesta en las próximas 4 horas (mensaje de texto).
- Nivel 3: Emergencias reales que requieren atención inmediata (llamada).

Visualiza tu tiempo de trabajo como un jardín que debes cultivar. Así como limpias la maleza para que tus plantas florezcan, debes eliminar las distracciones que se apoderan de tu espacio mental. El mundo querrá interrumpirte de miles de maneras diferentes. Puede ser a través de correos electrónicos o mensajes no deseados, reuniones sin importancia, invitaciones a eventos que no te aportan nada. Sé implacable y busca continuamente eliminarlas.

Para neutralizar las distracciones, puedes crear "rituales de protección". Por ejemplo, configura tu teléfono para que solo ciertas personas (como tu familia inmediata) puedan llamarte durante tus horas de trabajo concentrado. Utiliza herramientas para bloquear, en un rango horario determinado, los sitios web que generan distracciones y las aplicaciones intrusivas. Incluso, algo tan simple como tener audífonos con cancelación de ruido puede convertirse en una señal visual para tus colegas de que estás en modo "no molestar". Colocar un simple letrero en tu escritorio que diga "En fase de trabajo de concentración profunda hasta las 11:00" puede reducir drásticamente las interrupciones.

La segunda manera en que puedes fomentar la concentración es generando espacios de alta concentración para tareas que así lo requieren.

Para implementar este sistema, comienza por establecer lo que llamaremos "horas de concentración" - bloques de 60 o 90 minutos donde tu concentración profunda debe ser sagrada. Aprovecha tu ritmo circadiano y programa estos períodos en las primeras horas de la mañana, cuando tu mente está más fresca, y activa el "modo avión" en todos tus dispositivos.

Para mejorar tu nivel de concentración, comienza con sesiones cortas y amplíalas gradualmente. Por ejemplo, empieza con bloques de 25 minutos, y expándelos progresivamente hasta los 45 o 60 minutos conforme vas fortaleciendo tu "músculo" de la concentración. Crea un ritual de inicio: puedes preparar un té especial, organizar tu escritorio, o hacer tres ciclos de respiración profunda antes de comenzar. Algunos profesionales que conozco colocan una "lista de pendientes" junto a su espacio de trabajo - cuando surge un pensamiento que les genera distracción durante un período de concentración profunda, lo anotan rápidamente y continúan con la tarea principal.

Sácale el jugo a esta estrategia creando "días de concentración" y "días de interacción". Dependiendo de tu trabajo, puedes dedicarle uno o dos días a la semana al trabajo de alta concentración, con un mínimo de reuniones y máxima dedicación a proyectos importantes. Los otros días serán para reuniones, colaboración y tareas que requieren más interacción.

El impacto será profundo. No solo recuperarás horas de trabajo reales, sino que experimentarás una nueva claridad mental. Recuerda: la productividad no se trata de hacer más cosas, sino de realizar las tareas relevantes sin interrupciones. Comienza hoy mismo a construir tu escudo antidistracciones.

2. OHIO: la regla de oro de la acción

Era una típica mañana de lunes en mi oficina cuando me di cuenta de que algo tenía que cambiar. Mi bandeja de entrada desbordaba con 40 correos sin leer, mi escritorio estaba cubierto de Post-its con recordatorios, y mi mente parecía una computadora con demasiadas pestañas abiertas. Fue entonces cuando descubrí el principio que transformaría mi vida profesional para siempre: OHIO.

Como CEO de una empresa, he visto esta escena repetirse innumerables veces. Profesionales talentosos atrapados en el ciclo interminable de tareas a medio hacer y decisiones postergadas. El principio OHIO aparece como un faro en medio de este caos y lo que nos enseña es que cuando pones manos a la obra en algo, debes ir hasta el final.

¿Pero qué significa OHIO? En esencia, se trata de un método radicalmente simple para gestionar tus tareas y tu tiempo.

La idea central es que, cuando te enfrentas a una acción o decisión, la resuelvas en el momento en lugar de postergarla. Imagina que cada tarea, cada correo electrónico, cada decisión es como una pequeña piedra que recoges en el camino. En lugar de dejarla caer una y otra vez, OHIO te propone tomarla una sola vez y llevarla hasta su destino final.

Esto implica tomar una decisión consciente sobre qué hacer con cada elemento que se presenta ante ti: ¿Puedes completarlo en menos de dos minutos? Hazlo ahora mismo. ¿Requiere más tiempo? Entonces, planifica cuándo y cómo lo abordarás, pero comprométete a no soltarlo hasta que esté terminado.

OHIO se aplica a cualquier tipo de tarea: desde responder correos electrónicos hasta tomar decisiones clave en un proyecto. En lugar de revisar la misma solicitud varias veces antes de actuar, OHIO te obliga a procesarla de inmediato: completarlo, delegarlo o programarlo en tu sistema de tareas. De esta manera, evitas la acumulación de tareas pendientes, la procrastinación y el desgaste mental que genera el tener que "reprocesar" la misma información una y otra vez.

Adoptar OHIO no significa apresurarte sin pensar, sino comprometerte a ser más decidido y eficaz en cada acción. Al minimizar la cantidad de veces que interactúas con una tarea antes de resolverla, eliminas el exceso de trabajo y evitas la sensación de estar siempre ocupado, sin progresar.

Los cuatro pilares del éxito con OHIO

1. La regla de los dos minutos

Imagina que cada tarea es como una gota de agua. Una sola gota puede parecer insignificante, pero cuando se acumulan, pueden crear un océano de distracciones. La regla es simple: si algo toma menos de dos minutos, hazlo inmediatamente. ¿Por qué es tan importante esta pauta? Porque nos ayuda a evitar la acumulación de pequeñas tareas que, aunque individualmente parezcan insignificantes, en conjunto consumen una gran cantidad de tiempo y energía.

Ejemplos de la regla de los dos minutos en acción:

- Responder un correo electrónico breve.
- Archivar un documento.
- Hacer una llamada telefónica rápida.
- Anotar una idea en tu cuaderno.
- Lavar los platos después de comer.

2. El poder de la agrupación de tareas

Piensa en tus tareas como ingredientes para cocinar. No abres y cierras el refrigerador cada vez que necesitas algo; reúnes todos los ingredientes antes de empezar. De la misma manera, agrupa tareas similares en bloques de tiempo determinados. La agrupación de tareas relacionadas nos permite aprovechar la concentración. Al dedicarle un bloque de tiempo a un tipo de tarea determinado, evitamos el cambio constante de contexto y optimizamos nuestro rendimiento. Nuestro cerebro se adapta a esa actividad y esto nos ayuda a ahorrar mucho tiempo. Además, suele suceder que una tarea se alimenta de la siguiente, enriqueciendo el producto final.

Ejemplos de agrupación de tareas:

- Responder todos los correos electrónicos en un bloque de 30 minutos.
- Hacer todas las llamadas telefónicas en un horario determinado.

- Dedicarle una tarde a la semana a la planificación.
- Agrupar tareas administrativas en un solo día.

3. Cómete la rana primero

En una frase atribuida a Mark Twain (aunque no verificada) aprendemos: "Si tu trabajo es comerte una rana, es mejor hacerlo a primera hora de la mañana. Y si tu trabajo es comerte dos ranas, es mejor comerte la más grande primero". La idea es que te enfrentes a la tarea más difícil o desagradable al inicio del día.

Cuando recién nos levantamos, estamos frescos y nuestro nivel de energía está en su punto más alto. Este es el mejor momento para hacer lo que menos queremos hacer o lo que más nos cuesta. De este modo, no solo te desharás de estas tareas desagradables, además, al haber superado lo más difícil del día, te liberarás de un peso mental. Por ende, tu día tendrá un comienzo positivo y tomarás impulso para seguir adelante con más energía y continuar con lo siguiente.

Ejemplos de "comerse la rana":

- Empezar el día con esa tarea compleja que has estado postergando.
- Enfrentar ese correo electrónico difícil que requiere una respuesta delicada.
- Abordar el proyecto que te genera resistencia pero que es crucial para tus objetivos.

4. La paradoja de la paciencia

A veces, para ir más rápido, necesitas ir más despacio. Tomarte el tiempo para completar una tarea de principio a fin no es un lujo – es una inversión que paga dividendos enormes en tiempo y energía mental. Este pilar nos invita a resistir la tentación de la multitarea y a enfocarnos en una cosa a la vez. Al completar una tarea antes de pasar a la siguiente, experimentamos una sensación de éxito y liberamos espacio mental para abordar nuevos desafíos.

Ejemplos de la paradoja de la paciencia:

- Escribir un informe completo antes de revisar tu correo electrónico.
- Terminar una presentación antes de atender una llamada telefónica.
- Dedicarle tiempo a la planificación antes de comenzar a ejecutar.

El principio OHIO no es solo otra herramienta de productividad; es una filosofía de vida profesional que te libera de la tiranía de las tareas incompletas. OHIO no solo cambió mi forma de trabajar, cambió mi forma de vivir.

¿Estás listo para transformar tu productividad y recuperar el control de tu tiempo? El momento es ahora. Atiende la siguiente tarea que llegue a tu escritorio y llévala hasta el final. Ese es el primer paso hacia una revolución en tu productividad.

3. La ciencia del orden productivo

Santuario personal: tu espacio de poder

El espacio que habitamos durante nuestras horas laborales moldea nuestro éxito más de lo que imaginamos. Es el santuario donde nacen nuestras mejores ideas, el lugar donde pasamos la mayor parte de nuestros días y, sin embargo, raramente le prestamos la atención que merece. Como descubrí en mi propio viaje hacia la productividad, cuando no nos sentimos cómodos en nuestro espacio, nuestra capacidad para crear y producir disminuye sutilmente, como una planta privada de luz.

Mi despertar a esta realidad ocurrió durante una tarde particularmente frustrante. Mientras buscaba un documento importante entre montañas de papeles y archivos digitales dispersos, me di cuenta de que había perdido no solo el documento, sino también algo más valioso: mi paz mental. Cada minuto perdido buscando cosas era un minuto robado a mi creatividad y productividad.

El cambio comenzó por mi casa, donde tenía mayor control sobre mi entorno. Transformé un rincón olvidado en mi santuario de productividad, un espacio en el que podía trabajar, pero donde también creaba. Fue allí donde empecé a escribir mi blog y después mis libros. Más adelante, modifiqué también mi oficina. Empecé por agregar pequeños toques personales como fotos familiares y una biblioteca con mis libros favoritos. Después, cambié mi escritorio y computadora para convertir un espacio estándar en un centro de operaciones personalizado.

Ya sea en casa o en la oficina, cada espacio tiene el potencial de convertirse en un catalizador de productividad. Aunque tengas menos control sobre tu espacio en la oficina, debido a ubicaciones asignadas, siempre hay formas de hacer que ese espacio te juegue a favor. En casa, donde tienes mayor libertad, la oportunidad de crear el espacio perfecto está completamente en tus manos.

La transformación comienza por la evaluación:

1. Nivel de comodidad
   o Ergonomía del mobiliario
   o Iluminación adecuada
   o Temperatura agradable
   o Nivel de ruido controlado
2. Funcionalidad básica
   o Superficie de trabajo suficiente
   o Almacenamiento accesible
   o Flujo de movimiento eficiente
   o Tecnología necesaria disponible
3. Personalización
   o Elementos inspiradores
   o Plantas

Crea tu espacio de productividad

La magia verdadera ocurrió cuando comencé a ver a mi espacio como una extensión de mi mente. Cada objeto colocado estratégicamente, cada herramienta al alcance de la mano, cada sistema se convirtió en una extensión de mi proceso mental. Dejaba mi escritorio limpio y colocaba cada papel y objeto en su lugar al final del día.

Los resultados fueron transformadores. No solo descubrí que podía completar tareas más rápidamente, sino que mi mente estaba más clara, más enfocada. El tiempo que antes perdía buscando cosas ahora lo invertía en pensamiento estratégico y trabajo creativo. Mi escritorio se convirtió en un lienzo en blanco cada mañana, listo para las ideas y proyectos del día.

La personalización de mi espacio se convirtió en una forma de autoexpresión. Las fotografías de familia y amigos, los libros que amo, los recuerdos de viajes y logros pasados - cada elemento cuenta una historia, crea una atmósfera, construye un ambiente donde el trabajo florece. Mi oficina se convirtió en un escaparate de mi identidad profesional, que comunica quién soy y qué valoro.

Descubrí que la organización no es solo una preferencia estética - es una herramienta de productividad muy potente. Cada segundo ahorrado en no tener que buscar algo es un segundo invertido en crear algo nuevo. La diferencia entre un espacio que funciona y uno que no, es la diferencia entre sentir que tienes el control y sentirte perdido y agobiado.

Usa estos principios básicos para organizar tu espacio:

- Cada elemento debe tener una ubicación designada.
- Todo debe ser accesible en pocos movimientos.
- Mantener superficies de trabajo despejadas.
- Implementar sistema de organización digital y físico.

La tecnología juega un papel crucial en este ecosistema. He experimentado con el uso de dos monitores y también con una pantalla grande, ambos sistemas hicieron crecer ampliamente mi productividad. Esta configuración me permite revisar documentos lado a lado, compartir información eficientemente, y mantener un flujo de trabajo sin interrupciones. Cada cosa tiene su lugar, cada cable, cada dispositivo, cada lápiz.

No pienses que estoy hablando de un orden extremo, yo nunca lo logro. Simplemente diseña tu espacio para que todo lo que necesites esté cerca y que siempre esté lo más despejado y ordenado posible. Esto te dará paz.

La limpieza y el buen mantenimiento de todos los insumos y dispositivos que utilizo se han convertido para mí en agradables rituales. Una vez al año, como un ritual de renovación, te recomiendo revisar y actualizar todo. Elimina los archivos obsoletos, actualiza la tecnología, deshazte de lo que ya no necesitas y obtén lo que precisas para el nuevo año. Este no es solo un ejercicio de organización - es una inversión en tu productividad futura.

Crear y mantener un espacio productivo no es algo que se hace en un día, es una práctica diaria. Como un jardín bien cuidado, requiere atención regular y ajustes frecuentes. La clave está en desarrollar rutinas que hagan del mantenimiento una parte natural de tu día, no una tarea agobiante. Cada vez que pases por tu escritorio, ordena una cosa. De este modo, las cosas siempre estarán en su lugar.

En este camino, he aprendido que nuestro espacio de trabajo es mucho más que un lugar físico - es el cimiento sobre el cual construimos nuestro éxito profesional. Cada elemento, cada sistema, cada decisión de organización contribuye a crear un ambiente donde la productividad es un resultado natural de un espacio bien diseñado y mantenido.

Zen digital: el orden virtual

El orden en nuestro mundo digital se ha vuelto tan importante como el orden en nuestro espacio físico. Lo terminé de descubrir cuando mi escritorio digital albergaba quince archivos desperdigados de mi blog, una carpeta de descargas a punto de estallar y una bandeja de entrada con demasiados correos sin leer. Me di cuenta de que necesitaba un sistema más eficaz para gestionar mi vida digital.

Comencé por establecer una estructura clara para mis archivos digitales. Igual que en un archivo físico, cada documento necesita su lugar. Creé un sistema de carpetas jerárquico, con categorías definidas para cada área de mi vida: trabajo, proyectos personales, documentos administrativos y archivo histórico. Dentro de cada categoría, creé subcarpetas identificadas por año y por proyecto. La regla es simple: nada se queda en el escritorio digital - cada archivo debe encontrar su hogar el mismo día que se crea o se recibe.

El verdadero cambio vino cuando empecé a tratar a mi carpeta de descargas como una bandeja de entrada temporal, no como un sitio de almacenamiento permanente. Al final de cada día, esta carpeta debe quedar vacía, con cada archivo movido a su ubicación correspondiente o eliminado si ya no es necesario. Esta simple rutina evita la acumulación digital que tanto solía agobiarme.

Lo más sorprendente fue que lo más transformador no fueron las grandes limpiezas ocasionales. Desarrollé lo que llamo la "regla del paso": cada vez que paso por un espacio, ordeno algo, por pequeño que sea. Es como barrer tu casa - si lo haces un poco cada día, la suciedad nunca llega a acumularse hasta volverse inmanejable.

No solamente nuestro espacio digital sufre, también se nos complica la gestión de correos electrónicos. La avalancha digital puede ser demasiado para cualquiera. Un amigo mío se encontró recientemente sobrepasado por 5,000 emails sin leer, una situación que probablemente te resulte familiar. Al igual que él, quizás sabes que entre ese mar de información hay mensajes importantes para tu trabajo, pero la simple idea de enfrentarte a esa montaña digital te paraliza.

El caos tiene un efecto dominó en todos nosotros: cuando los documentos se acumulan, comenzamos a pasar por alto elementos importantes, postergamos decisiones críticas, y entramos en un círculo vicioso. ¿Has notado cómo el desorden alimenta tu ansiedad, y esa misma ansiedad genera más desorden? Es como una bola de nieve que va creciendo a medida que rueda cuesta abajo.

Cero correos en tu bandeja

Me encanta la metodología "Bandeja de entrada cero" desarrollada por Merlin Mann. Su implementación es sorprendentemente simple: cada correo electrónico debe ser procesado el mismo día que llega, en un plazo de 24 horas. Esto significa tomar una decisión inmediata: responder, archivar, eliminar o convertir en tarea. Este concepto es muy similar al principio OHIO, ya que te obliga a no postergar decisiones sobre los correos electrónicos que recibes.

Antes manejaba mi bandeja de entrada igual que mi amigo: no sabía si había un correo importante escondido allí. Tenía correos acumulados en mi bandeja de entrada desde hacía años. Decidí archivarlos todos y empezar de cero, pude darme ese lujo porque me encontraba en una transición profesional. Ya con una bandeja limpia, empecé a aplicar esta regla de las 24 horas y noté un cambio inmediato en mi nivel de estrés. Ya no tenía esa sensación de que había información importante flotando en el inmenso mar de mi bandeja de entrada.

Sin embargo, aún con una bandeja limpia, notaba que era fácil que los correos se acumularan. Un elemento vital que descubrí en mi camino hacia el orden digital fue la importancia de reducir el número de correos entrantes. Cancelé suscripciones innecesarias y configuré filtros de manera agresiva - en mi caso, tengo más de 400 direcciones filtradas. Esto me asegura que solo los mensajes verdaderamente importantes lleguen a mi bandeja principal.

Este proceso requiere una atención metódica, pero es liberador. Cada mañana, reviso los nuevos correos y elimino inmediatamente lo innecesario. Contesto en el momento los que requieren una respuesta rápida, y convierto en tareas en mi lista de pendientes los que demandan más tiempo. Lo importante es que nada queda en el limbo - cada correo electrónico da pie a una acción específica.

Para quienes se sienten agobiados por el peso de años de correos acumulados, sugiero hacer lo mismo que yo, y lo que le aconsejé a mi amigo: empieza de cero. Archiva todo lo anterior a una fecha específica y comienza de nuevo. Es como declarar una amnistía digital - todos esos correos seguirán ahí si realmente los necesitas, pero ya no te estresarán diariamente.

Si necesitas inspiración, recuerda que cada correo electrónico no procesado en tu bandeja es como una pequeña pesa que sobrecarga tu mente, y luego otra, y otra, hasta crear una carga insostenible.

Sistema de implementación inmediata:

1. Procesa cada correo el mismo día.
2. Toma decisiones inmediatas: responder, archivar, eliminar o convertir en tarea.
3. Adhiere a la regla de tomar la decisión dentro de 24 horas.
4. Reduce el número de correos innecesarios.
5. Implementa filtros eficientes.

La perfección es enemiga del progreso. Mi objetivo, y el que te sugiero adoptar, es mantener un 80-90% de orden, un nivel que nos permita ser productivos y mantener la alegría en nuestro espacio. El resto... bueno, somos humanos después de todo, no robots programados para la perfección. Lo importante es que tu espacio funcione para ti, y que encuentres tu propio ritmo en esta danza con el orden.

El resultado final va más allá del orden: es una sensación de paz mental. Cuando cierro la computadora al final del día, sé que no hay tareas ocultas ni correos urgentes esperando en las sombras. Esta claridad mental vale cada minuto invertido en mantener todo en condiciones óptimas.

4. Simplificación: menos es más

La simplificación cambió mi vida, y también puede cambiar la tuya. Descubrí esta verdad fundamental después de años de acumular no solo objetos, sino también tareas y obligaciones. A veces no nos damos cuenta de cuánto peso innecesario cargamos hasta que empezamos a soltarlo.

Todo comenzó cuando leí *La magia del orden* de Marie Kondo. Este libro me obsesionó con la idea de un espacio verdaderamente ordenado, y quizás tú también encuentres inspiración en su visión: un hogar donde cada objeto tiene un propósito, donde solo conservas lo que verdaderamente amas.[25]

La pandemia puso a prueba mis hábitos de simplificación, y probablemente también te haya pasado a ti. Las experiencias fueron reemplazadas por cosas, y los espacios comenzaron a llenarse poco a poco. Tal vez tu casa también se haya convertido en un repositorio de objetos que representaban una forma de llenar el vacío de esos tiempos inciertos.

Pero decidí volver a mis raíces minimalistas y cambiar. Empecé por mi armario, sacando ropa que no usaba, y te sorprenderá saber que una tarea que había postergado durante meses me tomó solo 90 minutos. Cada objeto eliminado me dio una sensación de liviandad que probablemente reconocerás cuando empieces tu propio proceso de simplificación.

Lo más fascinante fue cómo este proceso se extendió naturalmente a mi agenda. Comencé a cuestionar cada tarea "obligatoria". ¿Realmente necesitas mantener todas esas reuniones semanales? ¿Son necesarios todos esos informes?

Greg McKeown, en su libro *Essentialism*, nos presenta una verdad fundamental: el camino hacia una mayor productividad no está en hacer más, sino en hacer menos, pero mejor. Como señala McKeown, cuando eliminamos lo que no es esencial, no solo recuperamos tiempo, sino que multiplicamos nuestro impacto en lo que verdaderamente importa.

Esta filosofía de "menos, pero mejor" se alinea perfectamente con los descubrimientos en neurociencia sobre la capacidad de atención del cerebro. Cada elemento extra en nuestro espacio, cada tarea adicional en nuestra lista representa una carga cognitiva. Cuando reduces estas cargas, liberas recursos mentales para enfocarte en lo que realmente puede tener impacto en tu vida y en tu trabajo.[26]

Imagina un día tipo: llegas a tu escritorio y pierdes 10 minutos buscando documentos entre montones de papeles. Abres la computadora y te enfrentas a 50 pestañas del navegador que dejaste abiertas. Tu teléfono no para de sonar con notificaciones de cinco aplicaciones diferentes de mensajería. Perder tan solo 10 minutos diarios suma más de 40 horas al año.

- Por día: 10 minutos
- Por semana (5 días laborables): 50 minutos
- Por mes (aproximadamente 20 días laborables): 200 minutos ≈ 3.3 horas
- Por año (250 días laborables): 2,500 minutos ≈ 41.6 horas

Permíteme compartir algunos ejemplos concretos para implementar la simplificación en tu vida y maximizar tu productividad:

En tu espacio digital:

- Reduce el número de pestañas abiertas en tu navegador, de 50 a 5, para minimizar los cambios de contexto.
- Instala solo aplicaciones esenciales en tu teléfono y reduce las distracciones diarias.

En tu espacio físico:

- Un escritorio minimalista puede reducir tu tiempo de búsqueda de documentos.

- Un sistema de archivo simplificado disminuye el tiempo de procesamiento de documentos.
- Una oficina con menos elementos decorativos requiere menos tiempo de limpieza semanal.

En tu agenda:

- Elimina los compromisos no esenciales.

La simplificación no es solo una preferencia estética: es una estrategia de optimización. Al tener menos elementos en tu espacio y menos tareas ineludibles en tu agenda, reduces considerablemente el tiempo dedicado a mantenimiento y cambios de contexto. Es como tener menos ventanas abiertas en tu computadora - el sistema simplemente funciona mejor.

5. Ingeniería de la optimización

¿Alguna vez has desarrollado un proceso brillante para completar una tarea, solo para encontrarte meses después intentando recordar cómo lo habías hecho? Es una experiencia frustrante que todos hemos vivido: inviertes un tiempo invaluable en encontrar una solución, pero cuando necesitas repetir el proceso, te ves obligado a empezar desde cero. Esta fue mi realidad durante años, y probablemente te resulte familiar.

Cada vez que hacemos algo por primera vez, naturalmente pasamos por una etapa de prueba y error. Cometemos errores, ajustamos el método, y finalmente llegamos a una solución que funciona. El problema surge cuando necesitamos repetir ese proceso semanas o meses después, y nos damos cuenta de que los detalles se han desvanecido de nuestra memoria. Es como reinventar la rueda una y otra vez, perdiendo mucho tiempo y energía en el proceso.

Este tipo de frustraciones me llevaron a desarrollar un sistema que impulsó mi productividad, y puede hacer lo mismo por ti. Todo comenzó con una simple observación: cada segundo cuenta cuando buscamos optimizar nuestro tiempo. Los minutos que perdemos re-creando procesos que ya habíamos resuelto se acumulan, sumando horas al final de cada semana, horas que podrías estar invirtiendo en tareas más importantes.

La solución comenzó con algo bastante simple: desarrollar "atajos" para todo lo que hacía regularmente. Empecé por mi navegador web, guardando no solo las páginas principales de los sitios que más visitaba, sino específicamente las páginas de inicio de sesión y las herramientas que usaba con mayor frecuencia. Por ejemplo, en lugar de guardar la página principal de tu banco, puedes marcar directamente la página de ingreso. Si usas un archivo digital con asiduidad, marca las carpetas específicas de tus proyectos actuales.

La evolución verdadera llegó cuando empecé a crear plantillas para todo. Empieza por los correos electrónicos que envías frecuentemente: ¿Cuántas veces has escrito prácticamente el mismo correo para darle seguimiento a una consulta de un cliente? Crea una plantilla base que puedas personalizar rápidamente. Ejemplos de las plantillas de correos que puedes crear:

- Seguimiento de propuestas.
- Bienvenida para clientes nuevos.
- Solicitud de información.

Para implementar esto en tu día a día, comienza con un proyecto pequeño. Por ejemplo, si trabajas en ventas, documenta paso a paso tu próxima propuesta exitosa. Anota cada elemento que incluiste, el orden de la información, las frases que funcionaron mejor. La próxima vez que necesites hacer una propuesta similar, tendrás una base sólida desde donde comenzar.

La documentación se convirtió en mi mejor aliada. Comienza con algo simple: crea un documento en tu teléfono o computadora llamado "Procesos". Cada vez que resuelvas un problema o encuentres una mejor manera de hacer algo, tómate un tiempo para documentarlo.

La clave está en anticiparte, y puedes empezar hoy mismo. Dedícale 15 minutos al final de tu día a documentar algo que aprendiste o mejoraste. Parece poco, pero en un mes tendrás un valioso compendio de conocimiento personalizado. Existen mil formas de documentar lo que ya has hecho. Una manera es la forma en que ordenas tus archivos. Por ejemplo, mis carpetas de blog están numeradas secuencialmente: 1. Redacción, 2. Edición, 3. Listo para publicar. Tú puedes aplicar este mismo principio en tus proyectos. Si trabajas en mercadeo, podrías tener: 1. Borradores, 2. En Revisión, 3. Aprobado, 4. Programado. Lo importante es crear un flujo que elimine la necesidad de pensar en el siguiente paso.

La inversión inicial en crear estos sistemas puede parecer considerable, pero los beneficios son exponenciales. Cada minuto que inviertes en documentar y crear atajos se transforma en tiempo economizado en el futuro. Eventualmente descubrirás que la verdadera productividad no está en trabajar más rápido, sino en crear sistemas que trabajen por ti.

Productividad con alma

En el corazón de la productividad extraordinaria yace una verdad fundamental: no se trata de hacer más cosas, sino de hacer las cosas correctas de manera inteligente. Como hemos explorado, desde la simplificación de nuestros espacios hasta la creación de sistemas automatizados, cada elemento de la productividad está diseñado para multiplicar nuestro impacto, no solo nuestras horas de trabajo.

Los sistemas que hemos discutido son amplificadores de tu potencial. Cuando automatizas las decisiones rutinarias, ordenas tus espacios, y operas con inmediatez, estás esencialmente clonándote a ti mismo. Cada plantilla, cada proceso documentado, cada sistema automatizado es como tener un asistente trabajando incansablemente en segundo plano.

La verdadera magia ocurre cuando todos estos elementos se unen. Un sistema de trabajo minimalista, combinado con sistemas de toma de decisión automatizados y procesos bien documentados, te permite operar en un nivel que la mayoría de las personas ni siquiera consideran posible. No estás trabajando más horas - estás haciendo que cada hora de un resultado exponencialmente superior para ti.

Este es el secreto que separa a los extraordinariamente productivos del resto: han aprendido a construir sistemas que multiplican su impacto. Mientras otros luchan con bandejas de entrada saturadas y escritorios caóticos, tú estarás operando con la precisión de un cirujano y la eficiencia de una línea de producción automatizada.

La productividad, en su forma más refinada, no se trata de ser más rápido o trabajar más duro. Se trata de diseñar un sistema en el que cada acción está optimizada, cada decisión está simplificada, y cada minuto se aprovecha al máximo. Es la diferencia entre ser un trabajador más y ser un arquitecto de la eficiencia.

Al implementar estos sistemas, no solo estás mejorando tu productividad - estás redefiniendo lo que es posible lograr en un día de trabajo. Mientras otros luchan por mantener el ritmo, tú estarás creando, innovando y logrando lo que para muchos parecería imposible.

El camino hacia esta forma superior de la productividad está abierto para todos, pero pocos elegirán tomarlo. Aunque no es difícil, requiere diseñar tu productividad y un compromiso con la excelencia. Para aquellos que están dispuestos a hacer el trabajo inicial de implementar estos sistemas, los resultados serán transformadores.

Y con esta, la tercera parada de la espiral ascendente, ya tendrás en tu caja de herramientas un nuevo grupo de técnicas que te ayudarán a potenciar tu gestión del tiempo. Puedes jugar y unir los elementos de la espiral entre ellos. Por ejemplo, cuando te sientes a ejecutar tus bloques de tiempo en tu rutina, puedes escoger espacios físicos que potencien tu eficiencia.

Durante el día, he implementado en mi rutina bloques de tiempo en los que me reúno con mis equipos y completamos pendientes. En estas ocasiones, estoy en un lugar visible, donde nos reunimos. Pero también he definido espacios de tiempo que designo para proyectos o tareas en las que me debo enfocar. Suelo hacer este tipo de trabajo en mi estudio y en tiempos en los que mi equipo no me busca. Esto me permite trabajar sin interrupciones y ser mucho más productiva, potenciando mi rutina. Como estos espacios se han vuelto habituales, simplemente me siento en mi escritorio y empiezo a trabajar automáticamente.

De igual manera, puedes utilizar la técnica de la simplificación al momento de analizar tu lista de tareas pendientes. Indaga: ¿cuáles de estas tareas puedo eliminar, ya que no me aportan? Haz lo mismo con tus bloques de tiempo, ¿hay alguno que ya no es importante? ¿hay algún pendiente que has estado postergando? Cómete la rana y colócalo como el primer ítem en tu rutina para mañana.

Al agregar estas nuevas técnicas, potenciarás tu sistema del manejo del tiempo y ascenderás en la espiral. La pregunta no es si puedes permitirte dedicarle el tiempo necesario a implementar estos sistemas. La pregunta es: ¿puedes permitirte no hacerlo?

CUARTA PARADA:
Atención plena

Un viaje de mil millas comienza con un solo paso.

Lao Tse

Era una mañana de lunes como cualquier otra. Me había despertado a las dos de la mañana, ansiosa por la semana que tenía por delante. Y aunque logré dormirme una hora después, me sentía cansada. Mi lista de pendientes estaba desbordada después del fin de semana, tenía cinco reuniones agendadas y mi bandeja de entrada mostraba ese temido número "99+" en rojo. Como siempre, puse manos a la obra: escribí correos mientras desayunaba, respondí mensajes entre reuniones, constantemente tratando de hacer tres cosas a la vez. Al final del día había completado una cantidad impresionante de tareas, pero estaba completamente agotada y de mal humor.

Recordé que todos los lunes de madrugada me despertaba con ansiedad. ¿Por qué? Entonces lo entendí: estaba siendo muy productiva, pero ¿realmente había avanzado hacia lo más importante? Había otras cosas que quería hacer y para las cuales no había trabajado ese día, ni durante semanas. Esta revelación marcó el inicio de mi viaje hacia una forma diferente de trabajar y de vivir.

En este viaje por la vida, muchas veces nos encontramos con un mar de tareas, responsabilidades, ideas, ambiciones y sueños. Día a día, tratamos de ser más eficientes, aprovechando al máximo cada jornada, cada hora, hasta cada minuto, como si el tiempo nunca fuera suficiente. Y cuando logramos hacer que el tiempo nos rinda, nos sentimos orgullosos.

En medio de ese movimiento, es fácil olvidarnos de lo fundamental: ¿hacia dónde voy? Y esas madrugadas de ansiedad son la brújula que nos indica que algo no está bien, que no se trata solo de completar tareas sin pausa. Que la vida nos está pidiendo otra cosa.

Finalmente, llegamos a la última parada de la espiral, el santo grial, el secreto mejor guardado de la productividad verdadera: la atención plena, o como se le conoce en el mundo moderno, el mindfulness. ¿Qué tiene que ver esto con el manejo del tiempo? ¿No se supone que este libro me enseñaría a ser la persona más productiva y eficiente del planeta?

He aquí la paradoja, mi querido lector. Imagina por un momento que eres un ninja de la productividad, capaz de lograr hazañas hercúleas, verdaderos milagros, mientras el resto de los simples mortales se arrastran de una tarea a otra. Pero en un momento de claridad, te das cuenta de que has estado avanzando a toda velocidad en la dirección errada. Has construido un cohete que viaja a la velocidad de la luz, sólo para darte cuenta de que te equivocaste de destino.

La vida, en su infinita sabiduría, nos cambia las reglas del juego en el momento menos esperado. Lo que ayer era nuestra pasión, hoy no nos interesa. Los sueños que antes nos impulsaban pueden parecernos insignificantes. El carro o la casa de tus sueños se vuelven intrascendentes cuando escuchas la risa de tu hija que está creciendo demasiado rápido.

Y es así como la atención plena puede ser el timón que nos guíe en las aguas turbulentas del cambio. Para avanzar más rápido, muchas veces, lo más importante es detenernos, observar y cuestionar.

Después de haber dominado las tres primeras partes de la espiral: las rutinas, la gestión del tiempo y de haber afinado nuestra máquina de productividad hasta alcanzar un nivel muy elevado, llegamos aquí: al silencio del centro de nuestro ser, donde las preguntas más importantes esperan ser respondidas. ¿Quién soy? ¿Qué quiero? ¿Hacia dónde voy?

Es aquí donde es importante la atención plena. Esta práctica milenaria nos pide que pausemos, observemos nuestros pensamientos y emociones, los aceptemos y conectemos con nuestra esencia. Y esto nos permitirá navegar con mayor claridad y propósito. Consideraremos nuestras prioridades desde un nuevo punto de vista y veremos como aquello que una vez pareció urgente nos parece trivial, y lo verdaderamente importante brilla con una claridad enceguecedora.

Esta constatación nos lleva a una verdad muy potente: De nada sirve ser extremadamente eficiente si no estamos disfrutando del camino.

Cada paso, cada momento, es una oportunidad para estar presentes y encontrar el goce en el ahora.

Estar presentes no solo nos ayuda a visualizar la dirección que queremos tomar, también nos ayuda a navegar en aguas turbulentas cuando la vida se pone difícil. La resiliencia se convierte en una herramienta clave en nuestro día a día, ya que nos permite adaptarnos y superar los retos que inevitablemente surgirán.

Personalmente, he notado que siempre que me propongo algo, exactamente lo opuesto se presenta en mi vida, el reto con mayores posibilidades de hacer que me dé por vencida. Es casi como si alguien quisiera ver si en realidad deseamos nuestro objetivo lo suficiente. Pero es la capacidad de mantenernos firmes ante la adversidad, de aprender las lecciones que debamos aprender y de seguir adelante, esa resiliencia, la que nos hará crecer.

La resiliencia también nos permite levantarnos cada día y tomar consciencia del regalo que esto significa, ya que todo es posible si estamos vivos, aunque el mundo exterior nos diga lo contrario. Aunque no siempre controlamos lo que sucede, lo más importante es cómo respondemos ante cualquier circunstancia.

Entonces, respira hondo, encuentra tu centro y prepárate para un viaje transformador. Con estas herramientas, no sólo podrás lograr importantes objetivos, sino también disfrutar de cada momento que inviertes en hacer tus sueños realidad. Y eso, en mi opinión, es el secreto de una vida bien vivida.

En las páginas que siguen, conoceremos las estrategias y técnicas que te ayudarán a cultivar la atención plena en la vida cotidiana. Aprenderás a desarrollar resiliencia y podrás dar los primeros pasos para una vida no sólo productiva, sino también verdaderamente significativa.

Prepárate para el tramo final de nuestro recorrido. En este capítulo, encontrarás la brújula que te guiará hacia una vida plena. Bienvenido al arte del mindfulness productivo.

Momento de reflexión:

- ¿Qué significa el éxito para ti?
- ¿Hacia dónde te están llevando los esfuerzos que haces actualmente?
- ¿Cómo sabrás que has llegado a la meta?

Hábitos

Atención
plena

Gestión
del
tiempo

Productividad

Mindfulness: tu guía interna

En un mundo donde a menudo nos distraemos e intentamos ser los mejores en la multitarea, la atención plena es un faro de claridad en el caos que nos rodea. Esta práctica milenaria, recientemente avalada por la ciencia, nos ofrece una guía interna para navegar en el mar de la vida con conciencia e integridad.

Te preguntarás qué es la atención plena. En esencia, se trata de estar presente en el momento actual con apertura y aceptación, observando nuestra experiencia tanto interna como externa sin emitir juicio. Esto nos permite responder a distintas situaciones sin reaccionar impulsivamente y con claridad.

La práctica de la atención plena se manifiesta en el trabajo en situaciones cotidianas:

- Cuando te detienes a respirar antes de enviar ese correo importante.
- Cuando notas la tensión en tus hombros durante una reunión difícil y conscientemente los relajas.
- Cuando eliges pausar y escuchar verdaderamente a un colega en lugar de pensar en tu siguiente tarea.
- Al tomar un momento para apreciar un logro antes de saltar al siguiente objetivo.

Muchas veces reaccionamos en piloto automático, sin ser conscientes de qué estamos haciendo y decidiendo en cada momento. Con la atención plena, vivimos la vida de otra manera. Primero priorizamos lo verdaderamente importante, y así actuamos desde nuestros valores más sagrados y creamos a largo plazo.

Cada momento de conciencia suma, se trata de un hábito con efectos exponenciales. Es una oportunidad para reconectar con nosotros mismos y conocernos mejor. Cuando pasamos a ser conscientes, desarrollamos ese músculo y a la larga, llegamos a vivir nuestras vidas con mayor plenitud.

En un mundo que nos empuja a ir cada vez más rápido, el mindfulness nos lleva a parar y descubrir que todo está aquí, en este momento. Y es aquí donde encontramos no solo la productividad, sino también una sensación de propósito y plenitud en nuestra vida.

La brújula interior: descubre tus verdaderas prioridades

En esta era de cambio incesante, encontrar el equilibrio se ha convertido en un desafío ineludible. Vivimos bajo una presión constante, parece que siempre debemos hacer más, ser más, tener más. Ese nivel de presión amenaza con consumirnos, empujándonos a sacrificar lo que más nos importa.

Si nos enfocamos solo en las primeras tres partes de este libro, incesantemente buscando la eficiencia, podemos caer en la trampa de ser más productivos por la productividad misma. Me ha pasado muchas veces que me pierdo en tratar de hacer más y más y más, tachando más ítems de mi lista de pendientes y haciendo más que nunca en mi rutina diaria. Pero la verdadera pregunta es: ¿estamos usando nuestro tiempo para lo que más nos importa? ¿Nos están acercando nuestras acciones a nuestros valores y aspiraciones más profundas?

El camino de hacer, hacer y hacer puede resultar atractivo, pero es también un callejón que no lleva a ninguna parte. Como señala el maestro Stephen Covey en su obra *Los 7 hábitos de la gente altamente efectiva*:

"La esencia del mejor pensamiento sobre el tiempo está contenida en la frase 'Organizar y ejecutar alrededor de las prioridades'. Lo principal está en el centro; las cosas importantes están en primer plano. Lo que es de importancia vital está programado, pero lo trivial no lo está".[27]

Llegó la hora de reescribir lo que definimos como éxito. En lugar de medirlo únicamente por métricas externas – las que otros definen como lo más importante – piensa en lo que está en el centro de tu ser. ¿Qué es lo más importante para ti? Es en base a este análisis que te invito a invertir tu tiempo. Tu agenda reflejará lo que consideras más valioso y desde allí lograrás lo que tu corazón más desea.

Si no sabes qué es lo más importante para ti en este momento, tómate un tiempo para revisar tu agenda y mira en qué inviertes la mayoría de tu tiempo. Normalmente, nuestro uso del tiempo refleja lo que más valoramos.

La parada final de la espiral te ayudará a hacer mejor todo lo que has aprendido en este viaje. Esta nueva capa de concentración y presencia plena en cada momento de tu vida impulsará tu aplicación de cada una de las herramientas que te he presentado hasta ahora. En el principio, afianzaste una rutina alineada a tus prioridades, aprendiste a usar el tiempo y ser más productivo. Cuando riegues tu ascenso por la espiral con la sabiduría del mindfulness, todo se elevará nuevamente y te acercaras a tu destino final de plenitud personal y éxito profesional.

Ya que has llegado hasta aquí, avancemos. No tiene que ser difícil. Podemos empezar explorando, jugando con la idea de conectarnos más con el momento presente. El mejor momento para practicar la atención plena y pensar en tus prioridades es ahora mismo. Te recomiendo tomar una hoja de papel y hacerte las siguientes preguntas (en estas situaciones me gusta también tener una taza de té caliente al lado y una música que me resulte inspiradora):

- ¿Hacia dónde te diriges y adónde te gustaría ir?
- ¿Te equivocaste de camino?
- ¿Qué es lo que más valoras?
- ¿Cuáles son las tres cosas más importantes en tu vida? ¿Les dedicas tiempo? ¿Cuánto?
- Si no tuvieras que trabajar, ¿cómo utilizarías tu tiempo? ¿Qué cambios harías?
- Visualízate a los 8 años y presta atención a como utilizas tu tiempo, escríbete una carta. ¿Qué consejos tienes para ti mismo? ¿Qué le dirías a esa versión de ti?

- Ahora visualízate a los 90 años y mira hacia atrás, ¿qué te dirías a ti mismo sobre cómo estás viviendo tu vida hoy? ¿Qué te arrepientes a los 90 años de no haber hecho hoy?
- Haz una lista con las cinco áreas principales de tu vida: familia, vida personal, trabajo, servicio, conexiones. Ahora, marca qué porcentaje de tu tiempo le dedicas a cada una. ¿Hay algún desfasaje?
- Basado en este análisis, ¿cuáles son tus prioridades?
- ¿En cuál te vas a enfocar primero? ¿Cuál es la segunda?

En este último paso de la espiral, la atención plena te ayudará a entender lo principal: si estás avanzando en la dirección correcta. Es algo que solo tú puedes responder. Recuerda que todos tienen una idea diferente de cómo se vive mejor la vida. Pero solo tú sabes lo que quieres y lo que más te satisface. Esta dirección solo la podrás encontrar buscando dentro de ti y alineándote con tu centro.

Este es un proceso que no tiene fin. De nada te sirve ser la persona mejor organizada y más productiva del mundo si vas por el camino equivocado – vale más invertir tiempo en descifrar cual es el mejor camino para ti. Aun cuando ya te hayas orientado, la dirección puede volver a cambiar. Y como nada es permanente, estar presente durante el camino te permitirá detectar cuando el camino tome una nueva dirección o cuando tú mismo hayas cambiado, algo que suele suceder.

Estar alineado será tu brújula y solo así lograrás usar todas las herramientas de manejo de tiempo sacándoles el máximo potencial. Antes aprendiste varias técnicas para evaluar y asignar prioridades. Ahora, aprenderás a utilizar otras técnicas para poder hacer esos análisis desde tu centro y con la mente completamente limpia y enfocada. Cuando lo logres, podrás avanzar a toda velocidad hacia lo que verdaderamente deseas.

Prácticas para una vida consciente

Habiendo comprendido la importancia de la atención plena en nuestras vidas, es momento de explorar las herramientas prácticas que nos ayudarán a desarrollarla día a día. Como un jardinero que necesita las herramientas adecuadas para cultivar su jardín, nosotros también utilizaremos instrumentos específicos para cultivar nuestra práctica. Aquí exploraremos un sistema de avance progresivo de prácticas y herramientas que han funcionado para mí.

Rituales diarios de presencia

La escritura en un diario es una de las herramientas más poderosas y accesibles para profundizar nuestra autoconciencia. Esta es una de mis prácticas favoritas - la empecé a utilizar cuando era adolescente. Aunque la abandoné durante unos años, desde que la retomé, ya como profesional, nunca más la dejé. Trato de sentarme a escribir todos los días. Lo mágico de la escritura es que me hace sentir que me estoy sentando con mi mejor amiga a hacer terapia. Allí me desahogo, volcando todo lo que me está pasando, trato de encontrarles sentido a mis vivencias y me organizo para el día. Esta práctica es esencial para procesar mi vida.

No necesitas ser un gran escritor; solo debes ser honesto contigo mismo. Esta práctica se convertirá en una extensión natural de la atención plena que hemos estado cultivando, permitiéndote comprender tus experiencias de manera más profunda.

Llevar un diario te permite:

- Procesar experiencias y emociones con mayor claridad.
- Identificar patrones en tu comportamiento y respuestas.
- Aclarar tus pensamientos y alinearlos con tus valores.
- Monitorear tus avances en el desarrollo de la resiliencia.
- Desarrollar una práctica de reflexión habitual que complementa tu atención plena.

Para establecer tu práctica de escritura:

- Elige un momento específico del día.
- Comienza haciéndolo durante solo 5-10 minutos.
- Mantén tu diario visible y accesible.
- No juzgues lo que escribes.

Existen diferentes enfoques para la escritura en un diario. Algunos prefieren la escritura libre por la mañana, dejando fluir los pensamientos sin filtro, como si fuera una meditación escrita. Otros optan por responder preguntas que inviten la reflexión. Lo importante es mantener la constancia y encontrar un método que resulte adecuado para ti.

Explorar diferentes tipos de escritura en un diario puede enriquecer enormemente tu práctica. He aquí algunas variantes que puedes probar según lo que necesites en cada momento:

- Preocupaciones: Crea un espacio seguro para explorar aquellos temas que te inquietan. Al plasmarlos en papel, muchas veces lograrás verlos con mayor objetividad y encontrarás soluciones que antes no veías. Pregúntate: ¿Qué me está preocupando realmente? ¿Qué aspectos de esta situación puedo controlar?
- Gratitud: Registra diariamente tres cosas que te hayan hecho feliz o por las que estés agradecido. Esta práctica, aunque simple, puede tener un impacto profundo en tu bienestar emocional, al entrenar tu mente para identificar lo positivo en tu vida cotidiana.
- Escritura reflexiva: Analiza tus experiencias siguiendo una estructura para extraer aprendizajes importantes. Puedes utilizar el Ciclo de Gibbs para explorar lo que sucedió, tus sentimientos, análisis y lecciones aprendidas. La escritura reflexiva sigue una estructura así:
  - Descripción: ¿Qué sucedió exactamente?
  - Sentimientos: ¿Qué sentiste durante la experiencia?
  - Evaluación: ¿Qué aspectos fueron positivos y cuáles negativos?
  - Análisis: ¿Por qué ocurrió así? ¿Qué factores influyeron?

> o Conclusión: ¿Qué has aprendido de esta situación?
>
> o Plan de acción: ¿Cómo aplicarás este aprendizaje en el futuro?[28]

- Diálogo interno: Establece una conversación escrita contigo mismo, como si dialogaras con tu yo más sabio. Puedes hacer preguntas y responderlas desde diferentes perspectivas, fomentando así un mayor autoconocimiento.
- Visualización: Describe con detalle la vida que deseas crear, como si ya estuviera sucediendo. Este ejercicio no solo clarifica tus metas, sino que también activa tu cerebro para reconocer oportunidades alineadas con tus deseos.

La metodología que yo utilizo es la de "Páginas matutinas" propuesta por Julia Cameron en *El camino del artista*. Esta práctica consiste en escribir tres páginas a mano cada mañana sobre lo que esté en tu mente sin importar qué, de manera continua y sin censura. El objetivo no es crear contenido de alta calidad, sino despejar la mente de pensamientos y preocupaciones, para que emerja mayor claridad y creatividad. De esta forma, superarás bloqueos creativos y podrás construir una conexión más profunda contigo misma. Esta práctica me encanta porque me ayuda a limpiar mi mente constantemente para poder lidiar con los desafíos que se presentan cada día.[29]

Ten cuidado de no escribir para otros. Muchas veces, nos puede dar miedo de que alguien lea nuestro diario ya que contiene información confidencial. Si es necesario, escribe y destruye el papel en el que escribiste. Es mejor utilizar tu diario para ser honesto y no censurarte que hacerlo a medias.

La meditación

En mi experiencia, la práctica más importante para desarrollar la atención plena es la meditación. Esta es una práctica antigua que consiste en entrenar nuestra atención para dirigirla y mantenerla en un punto específico – como la respiración, una sensación corporal o un pensamiento – observando con aceptación lo que surge en nuestra conciencia momento a momento. En esencia, es el arte de estar plenamente presente, sin juzgar lo que ocurre dentro y fuera de nosotros.

Puede tener un gran impacto en nuestra capacidad de concentración y la claridad que resulta de ella. Con la meditación, le enseñamos a la mente a aceptar todo lo que está sucediendo dentro de nosotros, tal y como es. Enfrentamos nuestros sentimientos, miedos, deseos de huir. Nos vemos a nosotros mismos frente a frente, y luego podemos trasladar esa claridad al mundo exterior.

Por medio de la meditación, aprendemos a estar más presentes y a habitar nuestras emociones. Esta habilidad es la base no sólo de nuestra paz mental, sino también de nuestras relaciones y nuestro trabajo. Uno de los beneficios más importantes de esta práctica es que nos permite conocernos más y ser más conscientes. Como aconseja Sócrates: "Conócete". Este es nuestro trabajo más importante. Todos tenemos una parte luminosa y otras que preferimos esconder debajo de la alfombra. Pero al observar todos nuestros pensamientos y emociones (incluyendo los que preferimos no ver) con interés y aceptación, podemos ver con claridad nuestros patrones mentales y reacciones habituales. Esta comprensión es el primer paso para elegir responder a todo lo que se presenta en armonía con nuestros valores y aspiraciones.

Más allá de su impacto en la productividad, la práctica regular de la meditación nos provee de muchos beneficios para nuestro bienestar general. En 2011, Sara Lazar y su equipo publicaron un estudio del Hospital General de Massachusetts en la revista *Psychiatry Research: Neuroimaging*. Allí cuentan que descubrieron que después de solo 8 semanas de meditación, los participantes del estudio experimentaron un aumento considerable en la densidad de materia gris en el hipocampo (que es una región crucial para el aprendizaje y la memoria) y una reducción en la densidad de la amígdala (un área que ha sido asociada con la ansiedad y el estrés).[30]

Pero ¿cómo podemos integrar la atención plena en nuestras vidas ya tan ocupadas? La clave está en comenzar poco a poco e incluir prácticas simples que podemos incorporar en nuestra rutina diaria. Para mí no fue fácil: durante años, tuve el deseo de meditar de manera regular, pero nunca encontraba el lugar o el momento correcto para hacerlo. Finalmente encontré un bloque de tiempo de 15 minutos a la hora de almuerzo. Con el tiempo, vi los beneficios y decidí ampliarlo, y ahora medito mucho más.

Los beneficios de la meditación han sido enormes para mí. A medida que voy calmando mi mente, noto que el mundo que me rodea también se vuelve más tranquilo. Algunos factores estresantes simplemente desaparecen. Verás como poco a poco, las cosas que te agobiaban o no te dejaban pensar dejarán de ser importantes. Lograrás responder y no reaccionar, pausar y ser ecuánime en las situaciones, cada vez más.

A algunas personas les es difícil empezar a meditar, pero cuando ya tengas el hábito, no podrás vivir sin él. Intenta empezar con tan solo 5 minutos al día y después aumenta el tiempo poco a poco. Intenta hallar un horario permanente para hacerlo todos los días. Algunas aplicaciones informáticas pueden ayudarte. Pero para meditar, no necesitas hacer nada complicado. Todo lo que necesitas es relajar tu cuerpo (te puede ayudar escanearlo con tu mente: concentrándote en una parte del cuerpo a la vez). Después, enfócate en tu respiración todo el tiempo y si surgen pensamientos o emociones, déjalos ir. Eso es todo. Haz eso todo el tiempo que puedas. Lo importante es ser constantes y pacientes con nosotros mismos en el proceso.

Además de la meditación formal, podemos cultivar la atención plena en todo lo que hacemos. Por ejemplo, a la hora de comer, puedes prestarles atención a las sensaciones y sabores de lo que estás comiendo. O puedes tomarte un momento en medio del día, hacer una pausa y observar tu respiración. También puedes escuchar a los demás con empatía y atención total.

La meditación es mucho más que un ejercicio aislado – es una forma de vida que transforma nuestra relación con nosotros mismos y el mundo. A través de esta práctica, desarrollamos la capacidad de estar presentes en cada momento, de responder con sabiduría en lugar de reaccionar impulsivamente, y de conectar con una sensación de paz que siempre ha estado dentro de nosotros. No importa por dónde comiences ni cuánto tiempo le dediques inicialmente, la meditación te permitirá ir desarrollando esa conciencia que te conectará contigo mismo y te ayudará a lograr tus objetivos.

Tu equipo de crecimiento personal

Nuestro desarrollo personal y profesional se enriquece con el apoyo de otros. La clave está en identificar qué tipo de acompañamiento necesitas en cada etapa de tu desarrollo. Como seres humanos, estamos diseñados para aprender y crecer en conexión con otros. Hasta los más grandes líderes y pensadores han contado con guías y comunidades que potenciaron su desarrollo.

En mi propio recorrido, he pasado por momentos en los que intenté avanzar sola, confiando únicamente en mis propios recursos. Muchas veces, por más que lo intentemos, no logramos encontrar la respuesta solos. Con el tiempo, descubrí que el verdadero crecimiento sucede cuando nos abrimos a la sabiduría colectiva y al apoyo de quienes pueden iluminar nuestro camino. La neurociencia confirma esto: nuestro cerebro está diseñado para el aprendizaje social, y las conexiones interpersonales profundas activan circuitos de motivación, confianza y aprendizaje acelerado.[31]

Tipos de acompañamiento

Coaching: el arte de potenciar tu propio descubrimiento

Un buen coach no te dice qué hacer; te ayuda a profundizar tu autoconciencia y a descubrir tus propias respuestas. A través de preguntas clave y reflexiones guiadas, te impulsa a identificar patrones limitantes y a visualizar con claridad tus objetivos.

El coaching es particularmente valioso cuando enfrentas:

- Momentos de transición profesional o personal.
- Desafíos específicos que requieren claridad y acciones certeras.
- La necesidad de alinear tus comportamientos con tus valores más profundos.
- El deseo de potenciar tus fortalezas para alcanzar un nuevo nivel de desempeño.

Para aprovechar al máximo un proceso de coaching, prepárate para hacer el trabajo interno: reflexionar entre sesiones y mantener una mentalidad abierta al cambio.

Mentoría: sabiduría compartida

Las mentorías nos ofrecen la sabiduría de la experiencia. Una mentora que ha recorrido un camino similar al tuyo puede ayudarte a enfrentar los desafíos con mayor resiliencia. A diferencia del coaching, la mentoría incluye consejos directos y transferencia de conocimiento.

Un buen mentor te ofrece:

- Una perspectiva amplia, basada en años de experiencia.
- Acceso a redes y oportunidades que están fuera de tu alcance.
- Retroalimentación honesta desde una posición de genuino interés.

Grupos de apoyo: el poder de la comunidad

Los grupos de apoyo ofrecen un espacio único donde compartir experiencias con personas que enfrentan desafíos similares. Estos espacios generan un sentido de pertenencia que resulta profundamente sanador.

Los beneficios incluyen:

- Validación emocional al reconocer que no estamos solos.
- Aprendizaje colectivo a través de las estrategias de otros.

- Establecer redes de apoyo duraderas.
- Oportunidades para ayudar a otros, fortaleciendo nuestra resiliencia.

Terapia: exploración guiada de nuestro mundo interior

La terapia ofrece un espacio seguro para procesar desafíos más profundos. Buscar apoyo terapéutico no implica debilidad, sino una valiente inversión en tu salud mental.

Un proceso terapéutico efectivo puede ayudarte a:

- Procesar experiencias difíciles que impactan tu presente.
- Desarrollar estrategias para manejar estados emocionales complejos.
- Identificar y transformar patrones que ya no te sirven.
- Integrar aspectos fragmentados de tu experiencia para una mayor coherencia interna.

Es importante recordar que estos tipos de acompañamiento no son mutuamente excluyentes. Te recomiendo desarrollar una red de apoyo porque te será de suma utilidad en tu crecimiento. El acompañamiento, en cualquiera de sus formas, no solo acelera nuestro desarrollo, sino que enriquece el camino en sí mismo. A través de estas conexiones, podemos descubrir aspectos de nosotros mismos que permanecerían invisibles si nos mantuviéramos aislados.

Diseño de ambientes personales

El entorno en el que nos desenvolvemos tiene un impacto profundo en nuestra capacidad de mantener la atención plena y el equilibrio. Ya no se trata solo de tener un espacio de trabajo ordenado, sino de crear un ecosistema que apoye activamente nuestro bienestar y desarrollo.

Considera estas preguntas:

- ¿Tu espacio actual apoya o dificulta tu concentración?
- ¿Tienes áreas designadas para diferentes tipos de trabajo?

- ¿Hay elementos que nutren tu bienestar?

El diseño de nuestro espacio de trabajo debe reflejar y apoyar los diferentes niveles de energía que experimentamos a lo largo del día. Incorporar elementos naturales puede ser de gran ayuda en este proceso. La luz natural, por ejemplo, no solo mejora nuestro estado de ánimo, sino que también regula nuestro ritmo circadiano, sincronizando nuestros ciclos naturales de actividad y descanso. Ellos son fundamentales para nuestro bienestar y para afrontar los desafíos con energía renovada. Al mismo tiempo, la presencia de plantas en nuestro espacio de trabajo puede reducir el estrés y aumentar la creatividad.

Para optimizar tu espacio, te recomiendo crear diferentes zonas:

- Un área para trabajo de alta concentración con mínimas distracciones.
- Un espacio para reuniones y colaboración que fomente las conexiones, recordando la importancia del apoyo social para la resiliencia.
- Un rincón tranquilo para tus micro-descansos, meditación o momentos de reflexión, donde puedas recargar energías y conectar con tu fortaleza interior.

Además, puedes potenciar estos ambientes utilizando diferentes herramientas. La música puede ser ideal para modular nuestro estado mental y fortalecer nuestra resiliencia. Así como busco espacios para cada tipo de actividad, también trato de escuchar música que esté de acuerdo con lo que necesito en el momento. Mientras escribo este libro, estoy escuchando música instrumental que me inspira.

Fortaleza interior: el poder de la resiliencia

En medio del ritmo acelerado de nuestros días, la resiliencia es mucho más que la capacidad de recuperación. Es una habilidad que podemos cultivar conscientemente, para lograr no solo afrontar los desafíos, sino también crecer gracias a ellos. Mientras la atención plena nos enseña a estar presentes, la resiliencia nos da las herramientas para mantener esa presencia incluso en momentos difíciles. Es como si la atención plena fuera el mapa y la resiliencia nuestra capacidad para avanzar por el terreno, sin importar las condiciones climáticas.

En esencia, la resiliencia es la fortaleza interior que nos impulsa a superar las dificultades, recuperarnos de las crisis y salir fortalecidos de nuestras experiencias. Como lo describe la Asociación Americana de Psicología, es el proceso de adaptarnos eficazmente a la adversidad, las amenazas y en general a las experiencias de vida difíciles, con flexibilidad de mente, emociones y conductas, y saber ajustarnos a demandas internas y externas.[32]

La resiliencia es la capacidad de poder seguir adelante sin importar lo que nos presente la vida. ¿Has conocido personas que son capaces de atravesar situaciones que parecen imposibles de sobrellevar, con una sonrisa en su cara y mucha paz? Todos podemos desarrollarnos a ese nivel, solo debemos de fortalecer poco a poco el músculo de la resiliencia. Y realmente vale la pena, porque entre más resiliencia desarrollamos, más somos capaces de hacer. El mismo desafío que el año pasado nos hubiera tumbado, este año no nos causará ni la menor incomodidad.

Este crecimiento tiene efectos tangibles. El trabajo que producimos es de mejor calidad porque estamos más enfocados. Nuestras relaciones mejoran porque estamos más presentes en cada interacción. Y aunque hayamos completado la misma cantidad de trabajo, al final del día tenemos más energía.

Recuerdo cuando Celaque, la empresa que lidero, estaba construyendo un solo proyecto. Sentía el peso del mundo en mis hombros: me sentía tan cansada y abrumada cada día. Quería darme por vencida. Era una experiencia tan decepcionante, porque yo misma había creado la estructura y amaba tanto la empresa. Esto se reflejaba en mi trabajo, que no era de la calidad que yo esperaba.

Poco a poco fui integrando algunas de las prácticas de resiliencia que menciono abajo y logré incrementar mi capacidad. No fue fácil. Había días en que quería renunciar (muchas veces). Había días en que no quería ir a trabajar y quería darme por vencida. Pero siempre traté de mantener la constancia en mis prácticas y, poco a poco, fui generando más resiliencia.

Cuatro años más tarde, estamos construyendo cinco veces esa cantidad de proyectos y me siento más tranquila que nunca. No es que no tengamos problemas, sí los tenemos. Y cada vez son más grandes. Quien cambió fui yo, y mi habilidad para manejar el estrés y la presión. No soy perfecta, ni cerca. Pero me siento mucho mejor y soy más capaz gracias a las prácticas de resiliencia. No te puedo decir qué cambió específicamente, creo que fue la suma de todas las prácticas. Sin embargo, sí te puedo decir que incrementar tu resiliencia funciona y que, en mi caso, se ha traducido en que tangiblemente puedo hacer mucho más.

Esta forma de vivir nos permite identificar más fácilmente lo que realmente importa entre el ruido diario. Podemos concentrarnos en nuestros objetivos a largo plazo sin dejarnos arrastrar por cada urgencia. Recuerda la última vez que te sentiste sobrepasado por una bandeja de entrada repleta de correos electrónicos o una lista interminable de tareas pendientes. La resiliencia no elimina estos desafíos, pero sí transforma fundamentalmente nuestra manera de abordarlos. Aquellas interrupciones que antes nos descarrilaban se convierten en breves pausas para recalibrar y seguir adelante.

Este cambio no es mágico ni instantáneo. La resiliencia se desarrolla gradualmente, como cualquier otra aptitud. Es un músculo que ejercitamos a diario y que crece poco a poco, pero cuando menos lo esperamos, nos sorprende con su fortaleza. Al cultivarla conscientemente, comenzamos a percibir cambios sutiles pero relevantes en nuestro día a día: tomamos mejores decisiones, priorizamos con mayor claridad y, curiosamente, logramos más sin sentirnos exhaustos al final del día.

Desarrollamos una mayor capacidad para manejar la incertidumbre, nuestras relaciones, tanto personales como profesionales, se vuelven más auténticas, y tomamos decisiones más alineadas con nuestros valores, encontrando un mayor sentido de propósito en lo que hacemos.

Antes de continuar, tómate un momento para reflexionar:

- ¿Cómo respondiste la última vez que enfrentaste un desafío importante?
- ¿Qué recursos internos y externos te ayudaron a superarlo?
- ¿Qué aprendiste de esa experiencia que puedas aplicar en el futuro?

Fundamentos de la resiliencia

El desarrollo de la resiliencia comienza con prácticas simples que podemos incorporar en nuestro día a día. Estas estrategias, aunque no son exhaustivas, son un buen comienzo y nos permiten fortalecer nuestra capacidad para enfrentar desafíos y crecer a través de ellos.

1. Cuida tu cuerpo como base fundamental

Esto implica dormir lo suficiente, mantener una alimentación que nos dé energía y hacer ejercicio regularmente. La práctica del mindfulness complementa este cuidado físico. Puede ser tan simple como tomar tres respiraciones conscientes antes de responder un correo importante o hacer una pausa de cinco minutos entre reuniones para aclarar nuestra mente.

2. Desarrolla el hábito de la reflexión consciente

Al final de cada día, dedícale unos minutos a reconocer tus logros, por pequeños que sean, y a identificar las oportunidades de aprendizaje. Esto te ayudará a desarrollar una mentalidad enfocada en el crecimiento personal, la cual es esencial para la resiliencia.

3. Cultiva conexiones interpersonales profundas

Nutrir estas conexiones implica cultivar relaciones auténticas en las que podamos ser vulnerables y honestos, crear espacios para conversaciones profundas y desarrollar una red de apoyo y confianza. Para ello, es importante estar dispuestos tanto a ofrecer como a recibir ayuda. No tenemos que enfrentar los desafíos en soledad.

4. Practica la gratitud con asiduidad

Puedes hacerlo a través de un diario o simplemente apreciando tres cosas positivas cada día. Esto nos permite mantener la perspectiva en momentos difíciles. Yo, por ejemplo, escribo todos los días en un diario y al final anoto tres cosas por las que estoy agradecida. También, antes de dormirme, pienso en todas las cosas que agradezco, desde mi almohada hasta mis hijas.

5. Por último, pero no por ello menos importante, aprende a poner límites

Aprender a decir "no" cuando es necesario, reservar tiempo para el descanso y la recuperación, y atender nuestras necesidades de autocuidado sin culpa. Este es un tema muy difícil, especialmente cuando nos convertimos en adultos y más aún cuando tenemos hijos, pero no puedes dar lo que no tienes. Cuanto más te cuides, más resiliencia tendrás ante cualquier situación.

Estrategias avanzadas

Sé compasivo contigo mismo

- Habla contigo mismo, como lo harías con un buen amigo, cuando cometas errores.
- Normaliza las experiencias difíciles como parte de la condición humana compartida.

Desarrolla tolerancia a la incertidumbre

- Practica conscientemente permanecer en situaciones ambiguas sin buscar resolución inmediata.
- Exponte gradualmente a pequeñas incertidumbres para fortalecer tu capacidad de enfrentarlas.

- Adopta la mentalidad de "experimento" frente a nuevas situaciones, centrándote en el aprendizaje más que en los resultados perfectos.

Practica la regulación fisiológica

- Aprende técnicas de respiración diafragmática y úsalas en momentos de estrés.
- Incorpora actividades que activen tu sistema nervioso parasimpático como el yoga o el tai chi.
- Desarrolla rutinas de bienestar que te ayuden a volver a tu eje en momentos de alta activación emocional.

Estas estrategias no son mutuamente excluyentes; de hecho, muchas se complementan y refuerzan entre sí. Comienza por incorporar una o dos que te resulten especialmente beneficiosas, y gradualmente, amplía tu repertorio. Recuerda que la resiliencia no es un destino sino un camino – cada paso que das fortalece tu capacidad para navegar por las complejidades de la vida con mayor equilibrio y sabiduría.

Barreras para el desarrollo de resiliencia

El perfeccionismo y el pensamiento catastrófico constituyen dos grandes barreras internas para nuestra resiliencia. Cuando nos autoexigimos perfección, cualquier contratiempo puede parecer un fracaso devastador. La solución reside en adoptar la "consistencia imperfecta": tres minutos diarios de práctica imperfecta superan ampliamente a la sesión "perfecta" de 30 minutos que nunca llega. Hay un dicho al que recurro sobre todo cuando estoy llevando a cabo un proyecto como este libro: Hecho es mejor que perfecto. Muchos de nosotros somos perfeccionistas en recuperación. Ir liberándonos del yugo de hacer todo intachablemente es lo que nos dará mayor amplitud para simplemente actuar sin estribos y avanzar.

De manera similar, muchas veces nos paralizamos imaginando escenarios catastróficos. Cuando esto sucede, podemos utilizar la técnica "¿Y entonces qué?" para seguir cada temor hasta su conclusión lógica.

Así, podemos identificar recursos y estrategias para cada paso, reduciendo la ansiedad anticipatoria y fortaleciendo nuestra autoconfianza. Esto nos ayuda a darnos cuenta de que nuestros miedos son irracionales.

Otra técnica que me gusta utilizar es derivada de los filósofos estoicos (mis favoritos). Cuando se enfrentaban a una situación difícil, se imaginaban lo peor que les podía suceder. Este ejercicio te libera, porque te ayuda a soltar el miedo que muchas veces es más grande que la consecuencia. Por ejemplo, un miedo irracional que he tenido es imaginar que no viene mi maleta con el avión. Mientras la espero, a veces siento miedo y me imagino que se pierde, y lo que pasaría si eso ocurriera.

Visualizo que pierdo todo lo que está en la maleta y lo que haría en ese caso. El momento que hago eso me doy cuenta de que voy a estar perfectamente bien y dejo de preocuparme. Normalmente solo hago ese ejercicio y veo mi maleta salir en la banda. Aún no he perdido ninguna.

Nuestros patrones de relacionamiento también pueden obstaculizar la resiliencia. La resistencia a pedir ayuda, alimentada por una cultura que glorifica la autosuficiencia, nos priva del apoyo social que la investigación identifica como crucial para recuperarnos del estrés. Comenzar por pedirles apoyo para resolver pequeños problemas a personas de confianza puede romper esta barrera.

Al tener resiliencia, no evitaremos los momentos difíciles, más bien desarrollaremos la capacidad de atravesarlos con elegancia y sabiduría. No se trata de ser perfectos, sino de ser cada vez más conscientes y hábiles en nuestra respuesta ante los desafíos de la vida.

La resiliencia transforma fundamentalmente nuestra relación con la productividad. En lugar de perseguir una lista interminable de tareas, comenzamos a operar desde un lugar de claridad y propósito. Cuando nos encontramos con un obstáculo, en vez de perder horas preocupándonos, podemos detenernos, evaluar la situación y decidir con calma los siguientes pasos.

La verdadera medida de nuestro éxito no está en la cantidad de tareas que completamos, sino en nuestra capacidad para mantener el equilibrio mientras lidiamos con los altibajos de la vida. El viaje hacia una mayor resiliencia comienza con un simple paso: la decisión de vivir más conscientemente, un momento a la vez. ¿Estás listo para dar ese primer paso?

La danza del equilibrio y la renovación

La verdadera destreza en la gestión del tiempo no se mide por la cantidad de tareas completadas, sino por la calidad de vida que genera. Cuando nos descubrimos sacrificando el sueño o las relaciones personales en el altar de la productividad, hemos perdido el norte de lo que realmente importa. Esta es una lección que muchos, incluyéndome, hemos tenido que aprender a través de la experiencia, a veces de la manera más difícil.

La práctica de la atención plena y el cultivo de la resiliencia preparan el terreno para uno de los aspectos más cruciales de la productividad consciente: el arte del descanso intencional. Es precisamente nuestra capacidad de estar presentes y adaptarnos la que nos permite reconocer y honrar nuestra necesidad de renovación.

Una parte fundamental de este equilibrio es la práctica del descanso consciente. Durante mis años de experiencia viajando y dirigiendo Celaque, he descubierto una verdad fundamental: tomar distancia de la rutina diaria no solo rejuvenece el espíritu, sino que cataliza la innovación y el pensamiento estratégico. Los viajes, ya sea trabajando remotamente o en completa desconexión, se han convertido en mi laboratorio personal de productividad.

Alex Soojung-Kim Pang, en su revolucionario libro *Descansa: produce más trabajando menos*, presenta una perspectiva transformadora: el descanso deliberado no es un premio que nos ganamos después del trabajo duro, sino una herramienta estratégica que potencia nuestra creatividad y productividad. Esta visión del descanso como inversión, no como premio, revoluciona nuestra forma de pensar sobre el tiempo y la energía.[33]

La ciencia del descanso estratégico nos enseña que nuestro cerebro no se "apaga" cuando descansamos. Como demuestran Immordino-Yang et al. en su investigación sobre la red neuronal por defecto, durante estos momentos de aparente inactividad se activan redes neuronales que son centrales para la creatividad y la resolución de problemas. Es entonces que nuestro cerebro procesa información, hace conexiones originales y consolida aprendizajes. Por eso, las mejores ideas a menudo nos llegan durante una caminata, una ducha o justo al despertar.[34]

El descanso, como señala Pang, es una habilidad que debemos cultivar conscientemente. No se trata simplemente de caer desmayados en el sofá al final de un día agotador, sino de crear marcos intencionales para la renovación y el rejuvenecimiento. Puede manifestarse de múltiples formas: ejercicio físico, pasatiempos creativos, tiempo al aire libre, o simplemente momentos de quietud planificada. La clave está en la intencionalidad y la protección férrea de estos espacios en nuestra agenda.[35]

En mi experiencia personal, he descubierto que incorporar "micro-descansos" a lo largo del día pueden ser tan beneficioso como los períodos de descanso más extensos. Una pausa de cinco minutos para tomar aire entre dos reuniones, un breve paseo después del almuerzo, o incluso un momento para estirar y mover el cuerpo puede reiniciar nuestra energía y claridad mental. Estas pausas, cuando se practican con intención, se convierten en anclas que nos ayudan a mantener el equilibrio durante el día.

La paradoja del descanso creativo se revela en las rutinas de los grandes maestros. Stephen King, con su disciplina inquebrantable de escribir de cuatro a seis horas todos los días, demuestra que la creatividad florece mejor en el terreno fértil de una rutina equilibrada. No son los arranques frenéticos de productividad los que construyen un legado, sino la constancia sostenible.[36]

Este enfoque integrado de trabajo y descanso nos permite acceder a niveles superiores de creatividad y claridad. Cuando respetamos nuestros ciclos naturales de energía y renovación, descubrimos que podemos lograr más con menos esfuerzo. La productividad deja de ser una batalla contra nosotros mismos y se convierte en un flujo natural de creación.

Con una base sólida en atención plena y resiliencia, el equilibrio se convierte en una consecuencia natural de nuestra práctica. Ya no es una meta a alcanzar, sino un estado que emerge de nuestra conciencia expandida y que crea una base sólida para una vida extraordinaria. No se trata de lujos o elementos aleatorios; son inversiones fundamentales en nuestra capacidad de crear, innovar y prosperar a largo plazo.

- ¿Qué prácticas te ayudan actualmente?
- ¿Qué área de tu vida necesita más atención?
- ¿Cuál sería tu primer paso hacia el cambio?

La última parada de la espiral

Al comenzar este viaje, nos preguntábamos sobre la esencia de la productividad y el éxito. A lo largo del camino, descubrimos que la respuesta no reside en hacer más, sino en vivir con mayor consciencia cada instante.

Todo lo que hemos explorado – atención plena, resiliencia y renovación – forma parte de un ecosistema integrado de crecimiento personal. Cada elemento apoya y fortalece a los demás, creando una base sólida para una vida más consciente y cargada de sentido.

La atención plena nos revela el poder de la presencia, mostrándonos que la verdadera eficiencia nace de la claridad mental y la conexión con nuestro propósito más profundo. La resiliencia nos recuerda que el valor de nuestro camino no se define por la ausencia de desafíos, sino por nuestra capacidad de superarlos con integridad y sabiduría. El equilibrio, por su parte, nos enseña que el descanso es un aliado, no un enemigo de la productividad.

Las herramientas y prácticas que hemos explorado trascienden la mera optimización del tiempo; son una invitación a transformar nuestra relación con la vida misma. Desde la escritura consciente en nuestro diario hasta la creación de espacios que nutran a nuestro ser, cada práctica nos acerca a la vida plena que anhelamos.

Este viaje no tiene un destino final. No se trata de alcanzar un estado perfecto de productividad o equilibrio, sino de nutrir día a día nuestra capacidad de estar presentes, ser resilientes y honrar nuestros ritmos naturales.

En un mundo que nos impulsa hacia la prisa y la distracción, elegir la consciencia es un acto de rebeldía. Es priorizar nuestra paz mental tanto como nuestras responsabilidades. Es reconocer el valor de cada momento, incluso aquellos aparentemente improductivos.

Esta es la última parada de la espiral y la más importante, porque la atención plena será la brújula que utilizaremos para determinar la dirección que tomaremos. Sin un rumbo claro, no importa que tan productivo seas, no estarás avanzando. Regresa siempre a esta parte de la espiral para asegurarte de estar en perpetuo crecimiento.

Te invito a dar el primer paso. No necesitas una transformación radical. Comienza por una práctica simple: meditación, escritura en un diario o pausas conscientes durante el día. Que cada pequeña acción consciente sea una semilla que, con el tiempo y la práctica, dé como fruto una vida más plena, equilibrada y llena de sentido.

Finalmente, la verdadera productividad se mide en la riqueza de nuestra experiencia vital. Ese es el regalo más valioso que podemos ofrecernos.

EL ASCENSO CONSTANTE

El verdadero viaje apenas comienza

¿Recuerdas cuando comenzaste a leer este libro? Quizás te sentías presionado, corriendo detrás del tiempo, siempre un paso atrás de tus sueños. Es una sensación familiar para todos: las interminables listas de pendientes, las reuniones que parecen multiplicarse, los proyectos que se acumulan.

Ahora estás aquí, equipado con herramientas que transformarán tu relación con el tiempo para siempre. A partir de hoy, podrás controlar tu tiempo en lugar de que el tiempo te controle a ti. Cada hora tendrá propósito, cada acción estará orientada en la dirección correcta, y cada día te acercará más a tus metas.

Pero este no es el final de tu viaje. Es solo tu primera vuelta por la espiral ascendente.

La magia está en el movimiento

El secreto no está en la perfección, sino en el progreso continuo. Cada día es una oportunidad para dar una vuelta más por la espiral, para alcanzar un nivel más alto. Los obstáculos que hoy parecen montañas inalcanzables mañana serán apenas peldaños por donde ascenderás firmemente.

Piensa en aprender a tocar un instrumento musical. Al principio, cada nota requiere concentración consciente. Pero con el tiempo, tus dedos encuentran las teclas naturalmente. Lo que antes requería todo tu esfuerzo ahora fluye sin pensarlo.

Así funciona la espiral ascendente del éxito. Cada vuelta hace que lo difícil se vuelva fácil, que lo consciente se vuelva automático, que lo complicado se vuelva natural. No se trata de transformar tu vida de la noche a la mañana, sino de mejorar constantemente, día tras día.

Más allá del tiempo

Este libro comenzó hablando sobre el manejo del tiempo, pero has descubierto algo mucho más profundo: la capacidad de crear una vida extraordinaria, minuto a minuto, decisión a decisión.

No se trata solo de hacer más cosas en menos tiempo. Se trata de hacer lo correcto en el momento correcto, por las razones correctas. Es la diferencia entre estar ocupado y ser verdaderamente productivo.

Tu tiempo es como un jardín. No basta con mantenerlo limpio - necesitas decidir qué plantar, cuándo regar, qué podar. Cada decisión que tomas hoy determina qué florecerá mañana.

- Tus hábitos se han convertido en potentes rituales.
- Tus rutinas ahora fluyen con propósito.
- Tu productividad tiene dirección.
- Tu atención está enfocada en lo que verdaderamente importa.

Y lo más valioso: has aprendido a distinguir entre lo urgente y lo importante, entre el ruido y la señal, entre el movimiento y el progreso real.

La espiral en acción

Piensa en el camino que acabas de recorrer. Comenzaste por entender el poder de los hábitos - esas pequeñas acciones diarias que, con el tiempo, crean cambios monumentales.

Como una gota de agua que, día tras día, puede esculpir una roca, cada pequeño hábito positivo va moldeando tu destino. Despertar 30 minutos más temprano, una hora de lectura diaria, una caminata al atardecer. Pequeños cambios que crean grandes transformaciones.

Estos hábitos se interconectan naturalmente, creando patrones que te llevan hacia el éxito. Tu lectura matutina inspira nuevas ideas para tu trabajo. Tu caminata vespertina se convierte en un tiempo de reflexión estratégica. Cada hábito refuerza y potencia a los demás.

Aprendiste a convertir el caos en rutinas estructuradas, que son el andamiaje que sostiene tus días, liberándote de preocupaciones innecesarias. Y aprendiste a transformar esas rutinas en rituales que le dan sentido y propósito a cada acción.

Después, dominaste las herramientas del manejo del tiempo. Ya no eres esclavo de tu agenda - ahora el tiempo trabaja para ti. Tus listas de pendientes tienen propósito, tus bloques de tiempo son eficaces, y cada minuto te acerca más a tus metas.

Has aprendido a ver el tiempo no como un recurso limitado que se agota, sino como un aliado que puede multiplicarse. Cuando inviertes una hora en planificar tu semana, recuperas tres en productividad. Cuando le dedicas tiempo a entrenar a tu equipo, multiplicas tu impacto exponencialmente.

La productividad dejó de ser una palabra de moda para convertirse en tu ventaja competitiva. Ya no se trata de hacer más, sino de hacer lo que está alineado contigo. Cada acción te lleva a tus objetivos, cada decisión te impulsa hacia adelante. Has aprendido que la verdadera productividad no se mide en horas trabajadas, sino en impacto generado.

Y finalmente, la atención plena te dio algo invaluable: la certeza de que no solo te estás moviendo rápido, sino que te estás moviendo en la dirección correcta.

El efecto multiplicador

El crecimiento en la espiral no es lineal - es exponencial. Cada nueva habilidad que desarrollas, cada sistema que implementas, cada rutina que perfeccionas se convierte en la base para el siguiente nivel de crecimiento.

Piensa en ello como construir con bloques de LEGO. Comienzas con una base sólida - tus hábitos fundamentales. Sobre ella, construyes estructuras cada vez más complejas.

Todo comienza con hacer bien lo básico: ser confiable, puntual, eficiente. Mientras otros se conforman con un rendimiento mediocre, tú te destacas naturalmente - tus resultados son mejores, tus ideas son más innovadoras. Pronto, empiezas a ver oportunidades donde otros solo ven el paisaje. Identificas problemas, propones soluciones, lideras pequeños proyectos.

La verdadera magia emerge cuando tus habilidades comienzan a beneficiar a otros. Tu manejo del tiempo te permite coordinar equipos. Tus buenos hábitos inspiran a quienes te rodean. Y mientras creces, descubres que las soluciones que desarrollaste podrían ayudar a más personas.

Así crece tu proyecto personal - tal vez una consultoría de fin de semana o un blog en el que compartes tu experiencia. Este proyecto se expande orgánicamente, nutrido por las habilidades que vienes desarrollando. Con el tiempo, se convierte en algo más grande: quizás tu propia academia, un estudio de yoga próspero, o una empresa multinacional. Lo hermoso de este proceso es que cada persona lo vive a su manera. El tamaño del impacto no importa tanto como su significado.

Y aquí es donde la espiral revela su verdadero poder: con cada vuelta, revisitas los fundamentos desde un nivel más alto. Cada giro te permite ver más lejos y aspirar a más. Cada nuevo nivel no solo construye sobre los anteriores - los amplifica. Los pequeños hábitos que cultivaste al principio ahora generan impactos cada vez mayores. La confiabilidad que te distinguió al inicio se convierte en una marca personal reconocida. Y en última instancia, tu capacidad de ver oportunidades donde otros ven rutina se transforma en una visión que inspira y guía a otros en sus propios viajes de crecimiento.

La decisión es tuya

Ahora tienes una elección:

• Puedes cerrar este libro y seguir como hasta ahora.
• O puedes dar el primer paso en tu espiral ascendente.

No se trata de una decisión única y dramática. Se trata de las pequeñas decisiones que tomas cada día. ¿Empezarás a caminar 10 minutos por día? ¿Retomarás la lectura por las noches, antes de dormir?

Cada ínfima decisión es una oportunidad para ascender por la espiral. Cada momento es una chance de elegir el crecimiento en lugar de la comodidad, el progreso en vez del estancamiento.

La diferencia entre quienes logran lo extraordinario y quienes se quedan en lo ordinario no es el talento, ni la suerte, ni siquiera el tiempo. Lo importante es la decisión de comenzar y la determinación de continuar.

Antes de cerrar esta última página:

1. Abre un diario dedicado a la espiral.
2. Escribe tu visión para los próximos 90 días.
3. Identifica el primer hábito que fortalecerás.
4. Programa tu primera revisión semanal.

Piensa en tu primera vuelta por la espiral como un experimento. No hay fracaso, solo aprendizaje. Cada ajuste, cada adaptación, cada aprendizaje te acerca más a tu mejor versión.

El éxito en la espiral no se mide por la velocidad a la que avanzas, sino por la constancia del movimiento. Un pasito todos los días te llevará más lejos que un gran salto cada tanto.

Un último pensamiento

El tiempo es el gran igualador – todos tenemos las mismas 24 horas cada día. Pero a partir de ahora, tu relación con el tiempo será diferente. El tiempo será tu socio en la creación de una vida extraordinaria.

Cada minuto es una oportunidad, cada hora un paso hacia adelante, cada día una nueva vuelta por la espiral ascendente.

La espiral te espera.

El momento es ahora.

Tu tiempo extraordinario comienza aquí.

Comprométete con la excelencia

En esta última página, te invito a hacer un pacto contigo mismo. Escribe:

"Yo, _____, me comprometo a vivir cada día en mi espiral ascendente. Me comprometo con mi crecimiento, con mi propósito, con mi potencial infinito. Este no es el final – es solo el comienzo de mi vida extraordinaria."

Fecha: _____

Firma: _____

*Con cada vuelta de tu **espiral**, puedes hacer que cada momento cuente más que el anterior.*

Tu viaje extraordinario continúa...

Herramientas Prácticas

Hábitos, rutinas y rituales

I. Rastreo y seguimiento de hábitos

Matriz de seguimiento diario

Hábito	Señal	Rutina	Recompensa	Estado
Meditación	Meditación	10 min	Calma	○
Meditación	Meditación	10 min	Calma	○

Plantilla de evaluación mensual

Hábitos exitosos:

- Nombre del hábito: _____
- Días completados: _____
- Factores de éxito: _____

Áreas a mejorar:

- Obstáculos encontrados: _____
- Ajustes necesarios: _____
- Plan de acción: _____

II. Sistema de micro-hábitos

Escala de progresión

Inicio:

- Leer una página.
- Meditar un minuto.
- Hacer 5 flexiones.

Progresión gradual:

- Incrementos semanales
- Celebración de avances
- Ajustes según necesidad

Registro de micro-hábitos

- Hábito objetivo: _____
- Versión micro: _____
- Señal concreta: _____
- Aumento gradual (¿Cómo lo voy a aumentar?)

Transformando el hábito de la lectura

Semana 1: Preparación

- Paso 1: Selecciona un libro que realmente te interese y designa un lugar específico para leer.
- Paso 2: Define un horario fijo.
- Paso 3: Prepara tu espacio eliminando todas las potenciales distracciones.

Semana 2: Inicio

- Paso 1: Comienza con solo 5 minutos diarios de lectura.
- Paso 2: Utiliza un calendario para marcar tu progreso.
- Paso 3: Celebra cada día que completes con una marca especial.

Semanas 3-4: Incremento gradual

- Paso 1: Aumenta gradualmente a 10-15 minutos por sesión.
- Paso 2: Toma notas breves sobre lo que vas aprendiendo.
- Paso 3: Comparte tus aprendizajes con alguien más.

Resultado: Al final del mes, habrás desarrollado un hábito sólido de lectura, pudiendo llegar a dedicarle 30-60 minutos diarios.

III. Auditoría de hábitos

Lista de verificación semanal

Hábitos positivos:

☐ Identificados y reforzados
☐ Progreso documentado
☐ Recompensa ajustada
☐ Entorno optimizado

Hábitos negativos:

☐ Detonantes identificados
☐ Alternativas planteadas
☐ Ambiente modificado
☐ Barreras implementadas

Sistema de evaluación

Impacto del hábito:

☐ Energía
☐ Productividad
☐ Bienestar

Sostenibilidad:

☐ Esfuerzo requerido: Alto/Bajo
☐ Consistencia
☐ Satisfacción

IV. Plantillas de implementación

Plan de 30 días

Semana 1: Observación

- Documentar hábitos actuales.
- Identificar patrones.
- Seleccionar área de interés.

Semana 2: Diseño

- Crear micro-hábito.
- Implementar señales.
- Preparar ambiente.

Semana 3: Implementación

- Ejecutar consistentemente.
- Registrar progreso.
- Ajustar según resultados.

Semana 4: Evaluación

- Revisar resultados.
- Refinar proceso.
- Planear siguiente fase.

V. Diseño de rutinas

Ejemplos de pequeñas rutinas

Rutina matutina (60-90 min):

- Despertar consciente
- Hidratación
- Movimiento
- Planificación

Rutina nocturna (30-45 min):

- Desconexión digital
- Reflexión
- Preparación para el día siguiente
- Ritual de sueño

Indicadores de una rutina efectiva

✓ Sensación de energía estable
✓ Menor resistencia mental
✓ Transiciones fluidas
✓ Consistencia en la ejecución

Prioridades matinales

6:00-6:30: Meditación y visualización
6:30-7:15: Ejercicio
7:15-7:45: Preparación personal
7:45-8:15: Planificación del día
8:15-8:45: Tarea más importante del día

VI. Creación de rituales

Estructura de ritual personal

Preparación del espacio:

- Elementos esenciales
- Ambiente sensorial
- Eliminación de distracciones

Secuencia de acciones:

- Gesto inicial
- Pasos principales
- Cierre y valoración

Elementos para rituales

Para la concentración:

- Vela aromática
- Música instrumental suave
- Espacio elegido especialmente

Para la creatividad:

- Cuaderno especial
- Pluma favorita
- Bebida preferida
- Vista inspiradora

Para la energía:

- Música motivacional
- Vestimenta adecuada
- Mantra personal
- Movimiento activador

VII. Lecturas recomendadas

1. *Hábitos atómicos* - James Clear
2. *El podes de los hábitos* - Charles Duhigg
3. *Los 7 hábitos de la gente altamente efectiva* - Stephen R. Covey

Domina tu tiempo

I. El puente entre urgencia e importancia

Antes:

- Reactividad constante
- Agotamiento crónico
- Postergación de lo importante

Después:

- Control estratégico
- Energía sostenible
- Progreso consistente

II. Tu lista de pendientes

Preparación inicial

1. Toma una hoja en blanco (el papel es ideal para empezar).
2. Recopilación de tareas:
    - Crea una lista exhaustiva de todas tus tareas pendientes.
    - Anota todo lo que tengas en mente, sin filtrar nada.
    - Incluye tanto actividades personales como profesionales.
    - Comienza por las tareas más demandantes si lo prefieres.
    - Organiza las tareas por prioridad (sentirás un alivio inmediato).

Organiza tus pendientes

1. Configuración de la matriz:
    - Dibuja un cuadrado grande.
    - Divídelo en cuatro cuadrantes.
    - Eje vertical: Nivel de importancia
    - Eje horizontal: Nivel de urgencia
        - Cuadrante 1: Urgente e Importante - *"Hazlo ahora"*.

- Cuadrante 2: Importante, No urgente - *"Asigna un día y horario determinado"*.
- Cuadrante 3: Urgente, No importante - *"Delega cuando sea posible"*.
- Cuadrante 4: No urgente, No importante - *"Elimina"*.

2. Planificación: incluye las tareas que ya sabes que debes ejecutar:

   o Pon fechas realistas (este paso es crucial).
   o Mantén tu lista siempre visible.

3. Rutina diaria recomendada:

   o Revisa tu lista durante el desayuno.
   o Tacha con satisfacción lo completado.
   o Traslada lo pendiente sin culpa.
   o Agrega nuevas tareas cuando surjan.

4. Claves del éxito:

   o Celebra cada logro (¡todos cuentan!).
   o No te excedas (menos es más).

III. Criterios de clasificación

1. Definición de importancia:

   o ¿Contribuye a tus objetivos a largo plazo?
   o ¿Tiene un impacto categórico en tu vida/trabajo?
   o ¿Aporta valor trascendente?
   o ¿Está alineado con tus metas principales?

2. Definición de urgencia:

   o ¿Cuál es la fecha límite?
   o ¿Qué consecuencias hay si no se completa pronto?
   o ¿Hay presión de tiempo inmediata?
   o ¿Otros dependen de esta tarea?

IV. Optimización continua

1. Señales de éxito:

   o Mayor tiempo (Cuadrante 2)
   o Menos crisis (Cuadrante 1)
   o Mejor delegación (Cuadrante 3)
   o Eliminación efectiva (Cuadrante 4)

2. Ajustes recomendados:

   o Refina criterios de clasificación.
   o Mejora procesos de delegación.
   o Fortalece barreras contra distracciones.
   o Desarrolla sistemas preventivos.

V. Sistema de diagnóstico del uso del tiempo

Auditoría inicial

Hora	Actividad	Categoría	Energía (1-5)	Valor (1-5)
6:00				
7:00				
8:00				

Mapa de energía personal

Marca tu nivel típico de energía

Período	Lunes	Martes	Miércoles	Jueves	Viernes
Mañana					
Tarde					
Noche					

VI. Diseño de bloques de alto rendimiento

Creación de tu sistema

1. Evaluación inicial:

    o Identifica tus horas más productivas.

    o Reconoce tus patrones de energía.

    o Determina tus responsabilidades principales.

    o Haz una lista de tus actividades recurrentes.

2. Diseño de bloques (ejemplo):

    o Mañana: tareas que requieren más concentración.

    o Tarde: actividades de coordinación y reuniones.

    o Final del día: planificación y cierre.

Matriz de bloques semanales

Hora	Lunes	Martes	Miércoles	Jueves	Viernes
6:00-8:00					
8:00-10:00					
10:00-12:00					
12:00-2:00					
2:00-4:00					
4:00-6:00					

Ritual entre bloques

Micro-descanso (2 min):

- Estirar: _____
- Respirar: _____
- Hidratación: _____

Reinicio mental (1 min):

- Cerrar ciclo anterior: _____
- Visualizar siguiente tarea: _____

Preparación (2 min):

- Preparar lugar: _____
- Preparar materiales: _____

VII. Lista de comprobación diaria de productividad

Mañana:

☐ Revisar agenda diaria.
☐ Identificar las 3 tareas MIE (Más importantes y estratégicas).
☐ Asignar bloques de tiempo.
☐ Preparar espacio de trabajo.

Tarde:

☐ Revisar progreso de MIEs.
☐ Procesar emails pendientes.
☐ Actualizar lista de tareas.
☐ Reflexiona sobre como utilizaste tu tiempo. ¿Qué podrías hacer de manera diferente mañana?
☐ Planificar día siguiente.

VIII. Optimización de ritmos

Registro semanal de momentos óptimos

Lunes:
Hora pico: _____
Actividad: _____
Resultado: _____
¿Por qué funcionó?: _____

[Repetir para cada día de la semana]

Plantilla de experimentación de tiempo

Experimento: _____

Duración: ___ días

Hipótesis:

Si cambio: _____

Entonces: _____

Porque: _____

Mediciones:

Antes: _____

Durante: _____

Después: _____

Resultados:

Funcionó: _____

No funcionó: _____

Aprendizajes: _____

Registro de victorias en ahorro de tiempo

Victoria 1:

Fecha: _____

Tiempo ahorrado: _____

Cómo lo logré: _____

Impacto: _____

[Espacio para múltiples victorias]

IX. Lecturas recomendadas

1. *Cuatro mil semanas: Gestión del tiempo para mortales* - Oliver Burke-man
2. *La semana laboral de 4 horas* - Timothy Ferriss
3. *El poder del pleno compromiso* - Jim Loehr y Tony Schwartz

La verdadera productividad

I. Control de distracciones

Configuración de notificaciones

Prioridad 1 (permitidas):

• Calendario
• Llamadas importantes
• Mensajes urgentes

Bloques de trabajo de alta concentración

Estructura recomendada:

• 90 minutos de trabajo de alta concentración
• 15 minutos de descanso
• Sin interrupciones digitales
• Ambiente optimizado

II. OHIO

Lista de verificación diaria

☐ Revisión matutina (15 min)
☐ Procesamiento de emails (bloques de 30 min)
☐ Gestión de tareas inmediatas
☐ Revisión al final del día (10 min)

Indicadores de éxito OHIO

✓ Bandeja de entrada vacía al final del día
✓ Decisiones tomadas en primera instancia
✓ Reducción de tareas pendientes
✓ Incremento de tareas completadas

Toma de decisiones con OHIO

Tipo de tarea	Tiempo máximo	Acción recomendada
Correo simple	2 minutos	Respuesta inmediata
Llamada breve	5 minutos	Ejecutar ahora
Aprobación	1 minuto	Decidir en el momento
Tarea compleja	>15 minutos	Agendar bloque

III. Espacio personal y digital

Configuración del espacio físico

1. Zona primaria (radio 50-60 cm):
    o Teclado y mouse
    o Teléfono
    o Notas rápidas
    o Agua
    o Herramientas de uso frecuente
2. Zona secundaria (radio 60-120 cm):
    o Archivador
    o Materiales de referencia
    o Dispositivos secundarios
    o Insumos extra

Elementos adicionales estratégicos

Para mayor confort:

- Instalar reposapiés ajustable para ergonomía.
- Usar soporte lumbar para mejor postura.

Para mejorar la productividad:

- Instalar pizarra pequeña para ideas rápidas.
- Calendario visual para planificación.

Para el bienestar:

- Incluir una planta pequeña para generar ambiente natural.
- Usar difusor de aceites para aromaterapia.
- Optimizar luz natural/lámpara para iluminación adecuada.

Sistema de carpetas digitales

Estructura base:

- 01_Trabajo_Actual
- 02_Proyectos
- 03_Recursos
- 04_Archivo

Reglas de organización:

- Máximo 3 niveles de profundidad
- Nombres claros y consistentes
- Sin duplicados
- Revisión semanal

Protocolo diario

Mantenimiento de descargas:

1. Revisar carpeta al finalizar la jornada.
2. Clasificar cada archivo nuevo.
3. Buscar y eliminar archivos duplicados.
4. Asegurarse de que la carpeta quede vacía.

Mantenimiento de escritorio:

1. No mantener archivos permanentes.
2. Organizar en carpetas correspondientes.
3. Eliminar archivos temporales y copias.
4. Borrar capturas de pantalla antiguas.

IV. Bandeja de entrada cero

1. Procesa diariamente - Revisa y procesa todos los correos el mismo día que llegan.
2. Decisión inmediata - Decide qué hacer con cada correo: responder, archivar, eliminar o convertir en tarea.
3. Regla de las 24 horas - No dejes ningún correo sin procesar por más de un día.
4. Prevención activa - Cancela suscripciones innecesarias para reducir la cantidad de correos entrantes.
5. Filtrado estratégico - Configura filtros para que solo los mensajes importantes lleguen a tu bandeja principal.
6. Revisión matutina - Dedica tiempo cada mañana para procesar nuevos correos.
7. Amnistía digital - Si estás abrumado, archiva todo lo antiguo y comienza de cero.

V. Simplificación

Lista de verificación de simplificación

Digital:

☐ Máximo 5 pestañas abiertas.
☐ Escritorio limpio.
☐ Apps esenciales únicamente.
☐ Sistema de archivos ordenado.

Física:

☐ Espacio de trabajo minimalista.
☐ Herramientas necesarias a mano.
☐ Sistema de archivo actualizado.
☐ Zona de trabajo despejada.

VI. Optimización

Plantillas estándar

Documentos de trabajo:

• Propuestas
• Informes
• Presentaciones
• Planes de proyecto

Sistema de mantenimiento

Diario:

☐ Procesar correos electrónicos.
☐ Actualizar lista de tareas.
☐ Limpiar escritorio.
☐ Revisar calendario del día siguiente.

Semanal:

☐ Revisar archivos pendientes.
☐ Actualizar sistemas.
☐ Planificar semana siguiente.

Mensual:

☐ Auditoría de sistemas.
☐ Optimización de procesos.
☐ Eliminar lo innecesario.
☐ Actualizar objetivos.

VII. Lecturas recomendadas

1. *La magia del orden* - Marie Kondo
2. *Organízate con eficacia* - David Allen
3. *Esencialismo: Logra el máximo resultado con el mínimo esfuerzo* - Greg McKeown
4. *Efecto checklist* - Atul Gawande

Atención plena

I. La brújula de las prioridades

Evaluación de orientación vital

1. Toma una hoja en blanco y dibuja una línea horizontal que represente tu vida.
2. Marca con un punto dónde te encuentras ahora.
3. Dibuja una flecha indicando hacia dónde te diriges actualmente.
4. Dibuja otra flecha mostrando hacia dónde te gustaría ir realmente.
5. Reflexiona sobre la diferencia entre ambas direcciones.

Ejercicios de perspectiva

Mirada desde la niñez:

1. Cierra los ojos y visualízate como niño/a de 8 años.
2. Imagina que observas tu vida actual: rutinas, trabajo, relaciones, tiempo libre.
3. Escribe una carta de ese niño/a a tu yo actual.
4. Incluye específicamente qué te sorprendería, qué te gustaría y qué consejos te darías.
5. Identifica al menos tres cambios que harías basados en esta perspectiva.

Mirada desde el futuro:

1. Siéntate en un lugar tranquilo y cierra los ojos.
2. Imagina que tienes 90 años, miras hacia atrás y observas tu vida actual.
3. Pregúntate: ¿Qué estoy haciendo hoy que mi yo del futuro agradecerá?
4. Pregúntate: ¿Qué no estoy haciendo hoy que mi yo del futuro lamentará?
5. Escribe tres decisiones concretas que puedes tomar ahora para evitar futuros remordimientos.

Ejercicio de las cinco áreas vitales

1. Dibuja un círculo y divídelo en cinco secciones:

   o Personal (autocuidado, crecimiento).

   o Familia (relaciones íntimas).

   o Trabajo (carrera, finanzas).

   o Servicio (contribución a otros).

   o Conexiones (amistades, comunidad).

2. Colorea cada sección según el tiempo que actualmente le dedicas.
3. Marca con otro color el tiempo que desearías dedicarle.
4. Identifica un área para priorizar inmediatamente.
5. Programa en tu agenda una actividad concreta para esa área esta semana.

Prácticas de integración diaria

Reflexión matutina:

1. Tómate 3-5 minutos para reflexionar cada mañana antes de revisar dispositivos.
2. Pregúntate: "¿Qué es lo más importante para mí hoy?"
3. Identifica una acción que te acercará a tus prioridades verdaderas.
4. Programa esta acción en tu agenda con un horario específico.
5. Coloca un recordatorio visible de tu prioridad donde puedas verlo durante el día.

Revisión de alineamiento vespertino:

1. Antes de terminar tu día, dedícale 5 minutos a revisar las actividades realizadas.
2. Pregúntate: "¿Mis acciones de hoy reflejaron mis verdaderas prioridades?"
3. Identifica un momento en que estuviste completamente alineada con tus valores.
4. Reconoce un momento en que te desviaste de lo importante.

5. Planifica un ajuste específico para mañana basado en esta reflexión.

II. Prácticas de atención plena

Escritura reflexiva

Páginas matutinas

Fecha: _____

Hora de inicio: _____

[Tres páginas de escritura libre sin editar]

Aprendizajes principales:

- _____
- _____
- _____

Preguntas de autoindagación:

1. ¿Qué necesito verdaderamente en este momento?
2. ¿Qué me está enseñando esta situación?
3. ¿Qué valores estoy honrando con mis acciones?
4. ¿Qué necesito soltar?
5. ¿Hacia dónde quiero crecer?

10 preguntas introspectivas

1. Diálogo con tu yo del pasado: Si pudieras conversar con la persona que eras hace cinco años, ¿qué te sorprendería más de tu vida actual? ¿Qué consejos te daría tu yo del pasado sobre los desafíos que enfrentas hoy?

2. Explorando resistencias: Identifica algo a lo que te has estado resistiendo últimamente. ¿Qué emociones surgen cuando piensas en ello? Escríbele una carta a esa resistencia, preguntándole qué intenta proteger.

3. El paisaje de tus valores: Imagina que tus valores más importantes son elementos de un paisaje (montañas, ríos, árboles, etc.). Describe este paisaje con detalle. ¿Qué elementos son más prominentes? ¿Cuáles necesitan más atención?

4. Fuentes de gratitud: Escribe sobre una dificultad que hayas superado y que reconoces como algo positivo desde tu perspectiva actual. ¿Qué aprendizajes te dejó que hoy agradeces profundamente?

5. Desarmando a tu crítico interno: Escucha atentamente la voz de tu crítico interno. ¿Qué te dice? Escribe su monólogo y luego respóndele desde un lugar de compasión, como lo harías con un amigo que está sufriendo.

6. Cartografía de sueños: Describe un sueño que hayas abandonado o postergado. ¿Por qué lo dejaste ir? Si pudieras recuperarlo bajo tus propios términos, ¿cómo lo reimaginarías?

7. El espejo de las relaciones: Piensa en una persona que representa un desafío para ti a nivel emocional. ¿Qué cualidades suyas te irritan más? Reflexiona sobre cómo estas cualidades podrían reflejar aspectos de ti mismo/a que no has reconocido o aceptado.

8. El jardín de las decisiones: Visualiza tu vida como un jardín. ¿Qué has estado cultivando con tus decisiones diarias? ¿Qué áreas han recibido más atención y cuáles necesitan cuidado? ¿Qué necesitas podar y qué nuevas semillas quieres plantar?

9. Inventario de fortalezas en la adversidad: Recuerda un momento difícil en tu pasado reciente. Enumera todas las fortalezas, habilidades y recursos internos que utilizaste para afrontarlo, incluso aquellos que quizás no reconociste en ese momento.

10. Carta desde tu futuro sabio: Imagina que tu yo del futuro, sabio y realizado, te escribe una carta sobre los aprendizajes más valiosos que te esperan. ¿Qué te diría sobre tus preocupaciones actuales? ¿Qué perspectiva te ofrecería sobre el camino en el que te encuentras?

Ejercicios básicos de presencia

Ejercicio de grounding 5-4-3-2-1

1. 5 cosas que puedes ver
2. 4 cosas que puedes tocar
3. 3 cosas que puedes oír
4. 2 cosas que puedes oler
5. 1 cosa que puedes saborear

Respiración en cuatro tiempos para momentos de estrés

1. Inhala contando hasta 4
2. Contén la respiración contando hasta 4
3. Exhala contando hasta 4
4. Contén la respiración contando hasta 4
5. Repite el ciclo 4 veces

Mini-meditaciones para el día a día

Durante el trabajo:

- Pausa antes de escribir: Antes de responder un correo electrónico importante.
- Momento del café: Meditación en movimiento.
- Transición entre reuniones: 30 segundos de respiración consciente.

Comidas conscientes:

- Observa colores y formas.
- Nota los aromas.
- Siente las diferentes texturas.
- Come sin dispositivos electrónicos.

Rutina de crecimiento personal

Semana 1-2: Fundamentos

- Establecer hora fija de despertar.
- Implementar ritual matutino básico.

- Iniciar diario vespertino.

Semana 3-4: Consolidación

- Añadir meditación corta.
- Incorporar pausas conscientes.
- Desarrollar ritual nocturno.

Semana 5-6: Expansión

- Integrar ejercicio consciente.
- Profundizar práctica de mindfulness.
- Marcar límites para el uso de dispositivos digitales.

III. Desarrollo de resiliencia

Técnica RAIN para momentos difíciles

- Reconocer lo que está presente.
- Aceptar la experiencia tal como es.
- Investigar con diligencia y atención.
- Nutrir con autocompasión.

Diario de resiliencia

Fecha: _____

1. Desafío de hoy: _____

2. Recursos utilizados: _____

3. Aprendizajes: _____

4. Plan de acción: _____

5. Agradecimiento del día: _____

Técnicas de regulación emocional

Protocolo STOP:

- Stop: Detente.
- Toma un respiro.
- Observa tu experiencia.
- Procede conscientemente.

Ejercicios prácticos para desarrollar la resiliencia

1. Respiración 4-7-8 para momentos de estrés agudo:

   o Siéntate cómodamente con la espalda recta.
   o Inhala por la nariz contando hasta 4.
   o Mantén la respiración contando hasta 7.
   o Exhala completamente por la boca haciendo un sonido suave mientras cuentas hasta 8.
   o Repite el ciclo 4 veces.
   o Practica esta técnica 2 veces al día y utilízala cuando te sientas estresada.

2. Protocolo de reencuadre ABCD:

   o Identifica el pensamiento negativo o limitante.
   o Busca la evidencia a favor y en contra de este pensamiento.
   o Crea una interpretación alternativa más equilibrada.
   o Identifica y ejecuta una acción realizable basada en esta nueva perspectiva.

3. Diario de aprendizaje estructurado:

   o Reserva 10 minutos al final de cada semana.
   o Divide una página en tres columnas: "Desafíos enfrentados", "Recursos utilizados", "Aprendizajes".
   o Completa cada columna reflexionando sobre la semana.
   o Concluye con una breve afirmación de fortaleza para la semana siguiente.

4. Práctica de desapego consciente:

o Identifica una situación que te genera preocupación constante.

o Imagina que colocas esta preocupación en una hoja que flota en un río.

o Visualiza la hoja alejándose lentamente mientras permaneces en la orilla.

o Repite la frase: "Observo esta preocupación, pero no soy esta preocupación".

o Practícalo durante 5 minutos, intentando lentamente volver a la visualización cada vez que tu mente se evada.

IV. Equilibrio y renovación

Matriz de equilibrio semanal

Área	Puntuación	Acción de mejora
Física		
Mental		
Emocional		
Espiritual		
Social		
Profesional		

Prácticas de descanso estratégico

Micro descansos (2-5 minutos):

- Estiramiento en la silla
- Hidratación consciente
- Respiración consciente
- Observación del entorno
- Mini-caminata

Descansos intermedios (15-30 minutos):

1. Caminata al aire libre
2. Meditación guiada
3. Ejercicios de movilidad
4. Lectura por placer
5. Conexión social profunda

Rituales de transición trabajo-descanso

Fin del día laboral:

1. Revisar y celebrar logros.
2. Organizar pendientes.
3. Limpiar espacio de trabajo.
4. Respiración consciente.
5. Cambio de ambiente físico.

V. Evaluación y ajuste continuo

Revisión mensual

Mes: _____

1. Prácticas más efectivas:

   _____

2. Áreas a mejorar:

   _____

3. Evolución de hábitos:

   _____

4. Ajustes necesarios:

   _____

5. Próximos objetivos:

   _____

Plan trimestral

Estructura de revisión:

1. Evaluación de prácticas actuales
2. Identificación de obstáculos
3. Celebración de logros
4. Ajuste de objetivos
5. Planificación del siguiente período

VI. Lecturas fundamentales

1. *El camino del artista* - Julia Cameron
2. *La liberación del alma* - Michael Singer
3. *El arte de vivir* - Epícteto
4. *Cuando todo se derrumba: consejos del corazón para tiempos difíciles*
   - Pema Chödrön
5. *Atlas del corazón* - Brené Brown
6. *Tao Te Ching* - Lao Tzu

Nota: Personaliza estas herramientas según tus necesidades y circunstancias. La clave está en la constancia y la adaptación gradual.

Referencias

¹ Duhigg, C. (2019). *El poder de los hábitos: Por qué hacemos lo que hacemos en la vida y los negocios.* Vintage Español.

² Duhigg, C. (2019). *El poder de los hábitos: Por qué hacemos lo que hacemos en la vida y los negocios.* Vintage Español.

³ Duhigg, C. (2019). *El poder de los hábitos: Por qué hacemos lo que hacemos en la vida y los negocios.* Vintage Español.

⁴ Kaufman, P. D. (Ed.). (2005). *Poor Charlie's Almanack: The Wit and Wisdom of Charles T. Munger.* Walsworth Publishing Company.

⁵ Kaufman, P. D. (Ed.). (2005). *Poor Charlie's Almanack: The Wit and Wisdom of Charles T. Munger.* Walsworth Publishing Company.

⁶ Clear, J. (2020). *Hábitos atómicos: Cambios pequeños, resultados extraordinarios.* Diana.

⁷ McKeown, G. (2014). *Esencialismo: Logra el máximo de resultados con el mínimo de esfuerzos.* Aguilar.

⁸ Hobson, N. M., Bonk, D., & Inzlicht, M. (2017). Rituals decrease the neural response to performance failure. PeerJ, 5, e3363. https://doi.org/10.7717/peerj.3363.

⁹ Chaudhary, N. (2023, 5 de junio). "Rituals keep these athletes grounded. They can help parents, too." *The New York Times.* https://www.nytimes.com/2023/06/05/well/familuy/rituals-keep-athletes-parents-grounded.html.

¹⁰ ter Kuile, C. (2020). *The Power of Ritual: Turning Everyday Activities into Soulful Practices.* HarperOne.

¹¹ Loehr, J., & Schwartz, T. (2005). *Energía Total: Gestiona tu energía, no tu tiempo, es la clave del alto rendimiento y la renovación personal.* Ediciones Urano.

¹² Ben-Shahar, T. (2009). *La felicidad posible.* Alienta Editorial.

¹³ Burkeman, O. (2022). *Cuatro mil semanas: Gestión del tiempo para mortales.* Editorial Planeta.

[14] Hammond, C. (2012). *Time Warped: Unlocking the Mysteries of Time Perception*. Canongate Books.

[15] Hammond, C. (2012). *Time Warped: Unlocking the Mysteries of Time Perception*. Canongate Books.

[16] Eagleman, D. (2015). *The Brain: The Story of You*. Pantheon Books.

[17] Allen, D. (2015). *Getting Things Done: The Art of Stress-Free Productivity*. Penguin Books.

[18] Allen, D. (2015). *Getting Things Done: The Art of Stress-Free Productivity*. Penguin Books.

[19] Allen, D. (2015). *Getting Things Done: The Art of Stress-Free Productivity*. Penguin Books.

[20] Conquer your to-do list with this simple hack. (2020, 17 de agosto). Harvard Business Review. Revisado el 23 de marzo, 2023 en https://hbr.org/2020/08/conquer-your-to-do-list-with-this-simple-hack

[21] Conquer your to-do list with this simple hack. (2020, 17 de agosto). Harvard Business Review. Revisado el 23 de marzo, 2023 en https://hbr.org/2020/08/conquer-your-to-do-list-with-this-simple-hack

[22] Pozen, R. C. (2012). *Extreme Productivity: Boost Your Results, Reduce Your Hours*. Harper Business.

[23] Mark, G., Gonzalez, V. M., & Harris, J. (2005). No task left behind? Examining the nature of fragmented work. *Proceedings of the SIGCHI Conference on Human Factors in Computing Systems*, 321-330. https://doi.org/10.1145/1054972.1055017

[24] Mark, G., Gudith, D., & Klocke, U. (2008). The cost of interrupted work: More speed and stress. En M. Czerwinski, A. M. Lund, & D. S. Tan (Eds.), *Proceedings of the SIGCHI Conference on Human Factors in Computing Systems (pp. 107-110). Association for Computing Machinery*. https://doi.org/10.1145/1357054.1357072

[25] Kondo, M. (2019). *La magia del orden: Herramientas para ordenar tu casa… ¡y tu vida!* (R. Díaz Pérez, Trad.; 3a ed.). Penguin Random House Grupo Editorial. (Obra original publicada en 2011).

[26] McKeown, G. (2014). *Esencialismo: Logra el máximo de resultados con el mínimo de esfuerzos*. Aguilar.

[27] Covey, S. R. (2003). *Los 7 hábitos de la gente altamente efectiva: la revolución ética en la vida cotidiana y en la empresa* (J. Piatigorsky, Trad.). Paidós. (Obra original publicada en 1989).

[28] Gibbs, G. (1988). *Learning by Doing: A Guide to Teaching and Learning Methods*. Further Education Unit. Oxford Polytechnic.

[29] Cameron, J. (2011). *Energía total: El camino del artista: Un sendero espiritual hacia la creatividad superior*. Madrid: Aguilar.

[30] Hölzel, B. K., Carmody, J., Vangel, M., Congleton, C., Yerramsetti, S. M., Gard, T., & Lazar, S. W. (2011). Mindfulness practice leads to increases in regional brain gray matter density. *Psychiatry Research: Neuroimaging,* 191(1), 36-43. https://doi.org/10.1016/j.pscychresns.2010.08.006.

[31] Pan, Y., Novembre, G., & Olsson, A. (2022). The Interpersonal Neuroscience of Social Learning. *Perspectives on Psychological Science.* 17(3), 680-695. https://doi.org/10.1177/17456916211008429.

[32] American Psychological Association. (s.f.). Resilience. Recuperado de https://www.apa.org/topics/resilience.

[33] Pang, A. S.-K. (2017). *Descansa: Produce más trabajando menos*. LID Editorial.

[34] Immordino-Yang, M. H., Christodoulou, J. A., & Singh, V. (2012). Rest is not idleness: Implications of the brain's default mode for human development and education. Perspectives on Psychological Science, 7(4), 352-364. https://scottbarrykaufman.com/wp-content/uploads/2012/07/Immordino-Yang-et-al.-20120.pdf.

[35] Pang, A. S.-K. (2017). *Descansa: Produce más trabajando menos*. LID Editorial.

[36] Pang, A. S.-K. (2017). *Descansa: Produce más trabajando menos*. LID Editorial.

Sobre la autora

Pamela Ayuso es emprendedora y escritora. Con más de quince años de trayectoria como desarrolladora inmobiliaria y líder organizacional, es CEO y cofundadora de Celaque.

Bajo su liderazgo, Celaque se ha convertido en la desarrolladora de edificios de oficinas y residenciales más grande en Honduras. Con su torre Atlas — el proyecto más alto en cuatro países de Centro América — Celaque se ha consolidado como un referente en la industria inmobiliaria regional. El enfoque de Pamela está en convertir a Celaque en un modelo de empresa del siglo XXI.

Es también fundadora y líder de Liquidámbar, una fundación enfocada en proyectos de educación, medio ambiente y el sistema penitenciario. Desde allí, dirige programas de infraestructura educativa, restauración forestal y desarrollo humano en cárceles.

Pamela obtuvo una licenciatura *summa cum laude* (con distinción máxima) en Finanzas y Contabilidad por Ithaca College, y una maestría en Asuntos Internacionales con especialización en Finanzas Internacionales por la Universidad de Columbia. Es Contadora Pública Certificada (CPA) en el estado de Nueva York.

Ávida lectora y escritora, comparte su experiencia como líder empresarial a través de la escritura. Su blog ayuda a otros emprendedores a construir sus empresas. Pamela ha escrito sobre diversos temas como *"Creación de equipos para una empresa exitosa"*, *"La importancia de construir resiliencia en tu empresa"* y muchos otros dirigidos a líderes empresariales.

También es autora del libro *Heptagrama: el sistema de las empresas de éxito: los 7 pilares para crecer en entornos cambiantes,* un método de diseño de negocios basado en siete pilares, y de dos libros infantiles: *Alicia y Cone pintan un mural* y el próximo *Las aventuras de Amanda y Sofía en el bosque,* ambos inspirados en sus hijas.

Pamela divide su tiempo entre la ciudad y el campo con su esposo y sus tres hijas. Le encanta pintar y viajar.

Puedes mantenerte en contacto con ella en www.pamelaayuso.com.

Conecta con la autora

Instagram:
https://www.instagram.com/pamelaayuso

LinkedIn:
https://www.linkedin.com/in/pamelaayuso

Sigue aprendiendo

Continúa aprendiendo y poniendo en práctica *Espiral Ascendente*.

Visita www.pamelaayuso.com/espiralascendente para descargar:

- Diario de acción de *Espiral Ascendente*
- Lista de herramientas prácticas (editable)

Deja una reseña

Si disfrutaste este libro, por favor escribe una reseña en Amazon o Goodreads. Tu reseña ayudará a que este libro sea más visible para nuevos lectores. Aprecio tus comentarios y me encantaría conocer tu opinión.

¡Gracias por leer mi libro!

Pamela